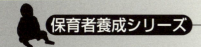
保育者養成シリーズ

保育相談支援

林 邦雄・谷田貝公昭［監修］
髙玉和子・和田上貴昭［編著］

一藝社

監修者のことば

　周知のとおり、幼児期の保育の場はわが国では幼稚園と保育所に二分されている。幼稚園は文部科学省の管轄の下にある教育の場であるのに対し、保育所は教育を主体とする場ではなく、福祉の側面を備えた厚生労働省の下に位置づけられている。しかしながら、保育所は遊びを通じて情操を育むなど、教育的な側面をも包含していることは言うまでもない。

　このような事情から、従前より、幼稚園と保育所のいわゆる「幼・保一元化」が求められてきた。この動きは、社会環境の変貌とともにしだいに活発となり、保育に欠ける幼児も欠けない幼児も共に入園できる「認定こども園」制度として実現した。すなわち、平成18年に成立した「就学前の子どもに関する教育・保育等の総合的な提供の推進に関する法律」(「認定こども園設置法」)がそれである。

　今後、「総合こども園」(仮称)創設に向け、平成25年度より段階的に導入し、平成27年度からの本格実施を目指すことになっているが、こうした中で保育者は保育士資格と幼稚園免許の2つを取得するという選択肢が広がる可能性が高まっている。その理由は、総合こども園は、幼稚園機能、保育所機能、子育て支援機能（相談などが提供できる）を併せ持った施設で、既存の幼稚園と保育所を基本としているからである。

　監修者は長年、保育者養成に関わってきたものであるが、「保育学」「教育学」は、ある意味において「保育者論」「教師論」であると言えるであろう。それは、保育・教育を論ずるとき、どうしても保育・教育を行う人、すなわち保育者・教師を論じないわけにはいかないからである。

よって、「保育も教育も人なり」の観を深くかつ強くしている。換言すれば、幼児保育の成否は、保育者の優れた資質能力に負うところが大きいということである。特に、幼児に接する保育者は幼児の心の分かる存在でなければならない。

　この保育者養成シリーズは、幼児の心の分かる人材（保育者）の育成を強く願って企画されたものである。コミュニケーションのままならぬ幼児に接する保育者は、彼らの心の深層を読み取れる鋭敏さが必要である。本シリーズが、そのことの実現に向かって少しでも貢献できれば幸いである。多くの保育者養成校でテキストとして、保育現場の諸氏にとっては研修と教養の一助として使用されることを願っている。

　本シリーズの執筆者は多方面にわたっているが、それぞれ研究専門領域の立場から最新の研究資料を駆使して執筆している。複数の共同執筆によるため論旨や文体の調整に不都合があることは否めない。多くの方々からのご批判ご叱正を期待している。

　最後に、監修者の意図を快くくんで、本シリーズ刊行に全面的に協力していただいた一藝社・菊池公男社長に深く感謝する次第である。

平成24年3月吉日

監修者　林　　邦雄
　　　　谷田貝公昭

まえがき

　保育士は単に保育サービスを子どもに提供するだけでなく、子育て家庭をも含めて子どもを支援する役割を担う。子育てに戸惑う親は多く、保育士は子育てをする親にとって身近な専門職である。こうした現場の状況を受けて、新たな保育士養成課程においては、保護者への支援を保育士の重要な役割と位置づけている。平成23年度からスタートした保育士養成課程により新たに誕生した「保育相談支援」も、その役割や専門技術を学ぶための科目の一つである。本書はそうした役割を担う保育士が身につけているべき内容について厚生労働省の保育士養成課程に準拠し、多様な側面から記述されている。保育士を目指している学生の皆さんには、ぜひ現場において、いかに保育士が保護者にとって重要な役割を果たしているのか、その専門性はどのようなものかを学んでいただきたい。

　なお、執筆者はそれぞれの専門領域から「保育相談支援」について記述しているため、各章の記述内容は重複する場合もあるが、それぞれの視点は異なっているので、その視点の異なりが意味するところを考えていただきたい。保護者への相談支援においては、一面的な見方だけでなく多様な視点が必要となるからである。

　また、本書とは姉妹書となる「相談援助」と内容に重複する部分がある。「相談援助」は社会福祉サービスにおいて用いられる援助技術であるソーシャルワークの専門性について記述されたものである。ソーシャルワークは生活するうえでの課題を解決または軽減するための専門技術であるため、当然、子育てをするうえでの課題を持つ家庭への支援にお

いても用いられる。本書は「相談援助」の専門性も含む形で保育相談において必要となる専門性に関して記述されている。「相談援助」を併せて読んでいただくことで、本書の背景の一つであるソーシャルワークの専門性をより深く学ぶことが可能となる。

なお、ソーシャルワークは保育、教育、福祉の分野で活用されている。援助する者と相談する者について、さまざまな名称が用いられているが、本書では、援助する者を「援助者」、相談する者を「利用者」と統一した。

本書を手にする方の多くは、保育士を目指す学生であろう。しかしながら、現場において現在保護者への支援に苦慮されている保育士にもぜひお読みいただきたいと考えている。改めて「保育相談支援」の基本を学ぶことで保護者支援への理解が深まり、多様な側面から保護者を捉え、支えることができるであろう。

平成24年3月

編著者　髙玉　和子
和田上貴昭

保育相談支援●もくじ

監修者のことば……2
まえがき……4

第1章 保育相談支援とは……9
第1節　子どもが育つ環境
第2節　家族を取り巻く状況
第3節　保育相談支援の意義
第4節　保育相談支援の取り組み

第2章 保育士の専門性を生かした支援……21
第1節　子どもと家庭の理解
第2節　子どもの発達を捉えた相談支援
第3節　家庭を支える相談支援

第3章 保育相談支援の実際……35
第1節　保育相談のポイント
第2節　保育相談支援の過程
第3節　相談支援事例の分析・考察

第4章 子どもの最善の利益の重視……49
第1節　子どもの最善の利益
第2節　子どもの権利
第3節　子どもの権利保障と支援のあり方

第5章 保護者とのパートナーシップ……61
第1節　保護者と共に子どもを育てる
第2節　家庭との連携
第3節　ペアレンティングの教育

第6章 特別な対応を要する家庭への支援…… 73
第1節　特別な対応を要する家庭とは
第2節　特別な対応を要する家庭支援の実際
第3節　相談支援の展開と考察

第7章 保護者のエンパワメント…… 83
第1節　エンパワメントとは何か
第2節　エンパワメントの実践
第3節　ストレングスを引き出す

第8章 信頼関係を基本とした関わり…… 95
第1節　信頼される保育者になるために
第2節　情報の提供と情報の共有
第3節　保育士の職業倫理

第9章 社会資源の活用と関係機関…… 109
第1節　社会資源・関係機関とは何か
第2節　保育所を中心とした地域ネットワーク
第3節　関係機関との連携・協働

第10章 要保護児童の家庭に対する支援…… 121
第1節　要保護児童家庭への支援の展開
第2節　関係機関との連携のあり方
第3節　要保護児童家庭の事例

第11章 保護者に伝わる保育指導…… 133
第1節　保育指導で何を伝えるか
第2節　個別の保育指導の方法
第3節　集団を通しての保育指導の方法

第12章 保護者支援の方法と技術……147
　　第1節　個別援助技術
　　第2節　集団援助技術
　　第3節　地域援助技術
　　第4節　面接技法

第13章 保護者支援の内容……161
　　第1節　支援ニーズの発見
　　第2節　相談内容のアセスメント
　　第3節　マッピング等の活用

第14章 保護者支援の計画立案と実施……175
　　第1節　支援計画の立案
　　第2節　支援体制
　　第3節　支援計画の実施

第15章 保護者支援の記録と評価……187
　　第1節　記録の意義
　　第2節　保育に生かす記録の方法
　　第3節　支援の評価方法

監修者・編著者紹介……199
執筆者紹介……200

第1章 保育相談支援とは

和田上貴昭

第1節　子どもが育つ環境

　現在、子どもたちの育ちを支える環境は、万全とは言いがたい状況にある。家族形態や地域の変化、子育てに対する価値観の変化などが影響している。そのため、少子化や児童虐待等、子どもに関するさまざまな問題が生じているのである。

1. 子どもを取り巻く環境

　近年、社会的に関心を集めている子どもに関わる課題として、少子化、児童虐待、保育所待機児童、学級崩壊、子どもの貧困などが挙げられる。
　例えば、少子化については合計特殊出生率を見ると、2010年は1.39であり、低い状況が続いている（**図表1**）。合計特殊出生率は2.08以上ないと人口を維持できないとされているが、日本では1975年以降、2.0以下の状態が続いている。その影響から、2005年度には出生数から死亡数を引いた自然増減数が戦後初めてマイナスに転じるなど、本格的な人口の減少も始まっている。出生率の低下は、将来の労働人口との関係から大きな問題として捉えられている。つまり、高齢社会の日本において、多くの高齢者の生活を少数の労働者が支えなければならないという状況が将来予測されるのだ。これは、労働を担う世代への税金や社会保障費の負担が多くなることを意味している。

図表1　日本の合計特殊出生率の推移

年	1975	1980	1985	1990	1995	2000	2005	2010
出生率	1.91	1.75	1.76	1.54	1.42	1.36	1.26	1.39
出生数（千人）	1,901	1,576	1,431	1,221	1,187	1,190	1,062	1,071

（注）出生数は、百以下は切り捨ててある。

出典：［厚生労働省、2012］を基に作成

少子化の背景についてはさまざまな事柄が指摘されているが、結果として、20〜30歳代のカップルが子どもを産まないという選択をすることから生じている。子育てに関わる経済的負担に対する危惧、自身の人生を大切にしたいという個人化、子どもを産み育てることに対する意義が十分に見いだせないという意識があるのだ。

　図表1にも見られるとおり、子どもの出生数は、この35年の間に6割弱にまで減少している。社会保障体制や労働力など国の問題以外にも、子どもの数が少ないという状況は、子どもの暮らす環境を大きく変えている。

　こうした事情を踏まえ、国はワーク・ライフ・バランスをキーワードに、仕事と子育てが両立できる社会を目指した取り組みなどを行っている。

2. 児童虐待の社会問題化

　児童虐待は、現代の子育てのしにくさを象徴するような出来事であろう。20年ほど前からマスコミに頻繁に取り上げられるようになり、社会的関心が強まった。2000年に児童虐待の防止等に関する法律が成立して以降も、状況は改善されていない。児童相談所への通告件数は2010年度に5万5000件を超えるなど、調査を開始した1990年から20年で50倍に増加している状況である（**図表2**）。市町村などへの虐待通告も含めると、その数はさらに大きい。

　児童虐待は、養育が不適切に行われることから生じる。その背景には、望まない妊娠や子育て家庭の養育能力の脆弱性、子育て家庭を支えるフォーマルサービス、インフォーマルサービスの不在などが挙げられている。これについても国は、さまざまな施策により、発生予防、早期発見・早期対応、強制的な介入、治療プログラムなどの対策を講じている。

　少子化にしても、児童虐待にしても、冒頭に挙げたその他の課題にしても、その要因としては、子育てをすること自体が困難な要因が現代社会の中には多く存在することが挙げられる。

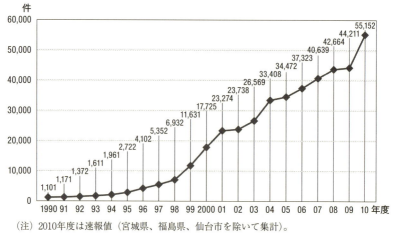

図表2　児童相談所の児童虐待対応件数の推移

（注）2010年度は速報値（宮城県、福島県、仙台市を除いて集計）。
出典：［厚生労働省、2011（b）］を基に作成

第2節　家族を取り巻く状況

　子育て家庭の持つ課題は、核家族の増加等、子育て家庭そのものの変化が要因となっている。国としても、こうした子育て家庭の変化に対応すべく、保育サービスや子育て支援サービスの充実等に取り組んでいる状況である。

1. 経済的な状況

　子育て家庭は貧困のリスクが高いことが、古くから知られている。子どもが生まれることで、扶養すべき家族成員の人数が増えるのだから、当然と言える。そのため日本では、児童手当や子ども手当など、子育て家庭に対する経済給付が行われてきた。より貧困のリスクの高いひとり親家庭に対しては、児童扶養手当が用意されている。これらの施策は

OECD諸国と比べて不十分であるとの指摘があるものの、子育て家庭の貧困リスク回避に一役買っていることは確かであろう。他の国々においても、子育て家庭などを含む家族給付が行われ、貧困のリスクを低減する役割を担っている。

ただし、核家族の増加により、親がなんらかの事柄により働けなくなると、すぐに子育て家庭は立ち行かなくなる。2008年のリーマンショック以降、保育サービスに対するニーズは増加しているが、不景気による会社の倒産や非正規雇用の増加なども、こうした子育て家庭の貧困のリスクに直結しており、それは間接的に保育ニーズの高まりにもつながることとなる。

2. 家族・地域の養育機能の縮小

子育ては、第一義的に親にその責任があることは、児童福祉法にも子どもの権利条約にも記されている。しかし、現代社会の中で子育てを親だけで行うことは可能だろうか。**図表3**によると、全世帯数に占める児童のいる世帯、つまり子育て家庭の割合は25.3％（2010年）であり、子どもを育てている世帯の割合が少ないことが分かる。また、そのうちの8割弱の子育て家庭が核家族（ひとり親家庭を含む）で子どもを育ててい

図表3 世帯構造別世帯数および平均児童数の推移

年次	児童のいる世帯		単独世帯	核家族世帯			三世代世帯	その他の世帯	児童のいる世帯の平均児童数
		全世帯に占める割合(％)		夫婦と未婚の子のみの世帯	ひとり親と未婚の子のみの世帯				
	推計数（単位：千世帯）								（人）
1986	17,364	(46.2)	80	12,080	11,359	722	4,688	516	1.83
1992	15,009	(36.4)	85	10,371	9,800	571	4,087	467	1.80
1998	13,453	(30.2)	139	9,420	8,820	600	3,548	346	1.77
2004	12,916	(27.9)	60	9,589	8,851	738	2,902	365	1.73
2010	12,324	(25.3)	67	9,483	8,669	813	2,320	453	1.70

出典：[厚生労働省、2011（a）]を基に作成

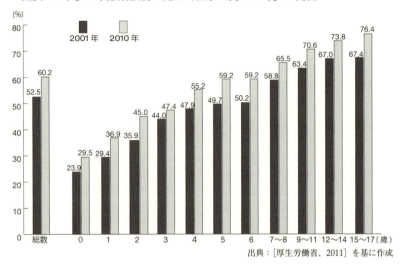

図表4 末子の年齢階級別に見た「仕事を持つの母」の割合

出典：[厚生労働省、2011] を基に作成

ることが分かる。さらに、**図表4**によると、多くの母親が仕事を持っている。日本の社会では、母親が子育ての中核を担っていることから考えると、仕事中は誰かに子どもの保育を任せざるを得ないこととなる。また、核家族が多いことから考えると、祖父母等に預けられるケースは少ないであろう。つまり、働くために日中（もしくは一定時間）子どもを他者に任せざるを得ない子育て家庭が増えているのである。親だけでは子育てができない家庭が多いのだ。また、地域とのつながりが希薄になってきているため、こうした子育て家庭を支える地域の人たち（インフォーマルサービス）を頼ることも難しい。

　したがって子育て家庭は、子育てを部分的に外部の子育てサービス（保育所や学童保育、ベビーシッターなど）に頼らざるを得ない状況となっている。見方を変えると、現代の子育て家庭は、外部の子育てサービスの存在を前提に子育てを行っているのだ。

　親の就業形態に対応する形で、保育サービスも多様化してきている。認可保育所には現在、通常の保育サービス以外に特別保育サービスとし

て、「延長保育・長時間保育サービス」や「夜間保育」、「休日保育」などのサービスが付加されるようになってきている。また保育所以外の社会資源として、学童保育サービスの充実や、「ショートステイ」、「トワイライトステイ」「ファミリーサポートセンター」などの子育てを補完するサービスが展開されている。

第3節　保育相談支援の意義

　子育てをしていると誰しも、うまくいかない状況が生じる。それがストレスとなり、子どもに不適切な対応をしてしまう可能性もある。そのために、子育てに関して身近に相談できる相手がいることが重要となる。

1. 子どもの発達と親の不安

　子どもたちの発達は、一人ひとり異なる。生後10カ月で歩けるようになる子どももいれば、生後18カ月で歩けるようになる子どももいる。また、なかなか発語がなく、親がやきもきすることもある。場合によっては「障害があるのではないか」「専門医に診せたほうが良いのではないか」などと考える親もいる。このように、親は子どもの発達を周りの同じ年の子どもたちや子育て雑誌などの情報と見比べて、異なる場合に悩むのである。時がたってしまえば、こうした心配は思い出話になる。しかし、心配している最中はそうはいかない。ベテランの保育者のように、さまざまな子どもたちの発達を見てきた経験と専門的知識があれば、ある時期の遅れを心配する必要がないことが理解できるが、多くの親は子育てをするのが初めてであり、ベテラン保育者のような余裕はない。
　また、こうした余裕のなさは、子育てに関する「うまくいかなさ」に対して過剰な反応を引き起こし、親は自分自身を追い詰めることとなる。

児童虐待の要因の一つに子育てのストレスが挙げられるが、背景には、こうした「うまくいかなさ」に対する過剰反応がある。しかし、子育てをしていれば、うまくいかないことは始終起きる。料理をしたことのない母親が一生懸命に作った離乳食を、子どもがお皿ごと床に落としたり吐き出したりといったことは、よく起きることである。一生懸命取り組んでいる親からしてみれば、なんとも報われないことである。これをストレスとしてため込んでいけば、いずれ子どもに対する不適切な関わりとして表現されても不思議はない。

2. 相談できる相手の存在

こうした子育ての「うまくいかなさ」に関する悩みは、どのように解決するのであろうか。前述したとおり、多くの子育て家庭は核家族で営まれており、親などの子育て経験者の話を身近に聞きながら子育てをするのは困難である。一方、現在は子育てに関する情報があふれていると言ってもいいほど多く存在する。子育て雑誌やテレビ番組、インターネットのホームページなど、情報を得ようと思えばすぐに手に入る。しかしながら、それでは解決しないこともある。子育てに関する悩みは人それぞれであるため、出回っている情報とはずれることもあるからだ。

国立社会保障・人口問題研究所の調査（**図表5**）によると、母親の「出産・育児で困ったときの相談相手」として優先順位が第1位に挙げられるのは夫である。次に、自分の親、姉妹と続く。身内を相談相手として選んでいる。第2位以降にもその傾向を見ることができる。身内の次は友人となっている。そして、意外にも保育士や医師、保健師といった専門職が、困ったときの相談相手としては優先順位が低い。

この結果から、子育てに関する悩みについては気軽に相談できる相手を選択していることが分かる。専門職には相談しにくいといった心情があるのかもしれない。しかしながら、この調査対象となっている母親の27.0%は、自分が働いている時に保育所に子どもを預けている。にもか

図表5　母親（末子が6歳未満）が出産・育児で困ったときの相談相手

相談相手	第1位	第2位	第3位	第4位
夫	40.9%	15.9%	4.5%	2.3%
自分の親（同居、別居を含む）	37.3%	31.4%	10.0%	2.0%
自分の姉妹（義理を含む）	4.5%	13.2%	9.5%	8.2%
夫の親（同居、別居を含む）	2.7%	8.0%	14.7%	7.1%
近所の人	0.0%	1.6%	2.5%	4.1%
子どもを介して知り合った人	2.0%	3.6%	11.4%	9.1%
職場の同僚・友人	0.7%	3.2%	4.5%	4.1%
職場以外の友人	2.0%	6.6%	10.9%	6.6%
保育所（保育士）	0.2%	0.7%	1.1%	3.6%
病院（医師）	0.5%	1.6%	1.8%	2.7%
保健所（保健師）	1.1%	1.1%	1.4%	4.5%
その他／該当なし	3.1%	8.1%	22.7%	40.7%
不詳	5.0%	5.0%	5.0%	5.0%
合計（n=440）	100.0%	100.0%	100.0%	100.0%

出典：[国立社会保障・人口問題研究所、2010] を基に作成

かわらず、保育士が身近な存在でないかもしれないという点については、残念である。

　ただし、子育てに関する悩みは、知識や解決方法を知ることで解決するものではない場合が多い。悩みを言葉にし、相手に聞いてもらうということで気持ちがすっきりするということもあるだろう。また、話すことで悩みが整理され、自分自身で解決方法を見いだすことができるようになる場合もある。しかしながら、こういった悩みを聞く力というのを誰しもが持っているわけではない。

　そのため、話を聞く技術を持つ専門職の存在は、子育て家庭にとって重要な社会資源となる。特に、保育所やその他の児童福祉施設に勤務する保育士は、子育てに悩みを抱えている保護者と接しやすい立場にいるため、保護者の状況をいち早くつかみ、必要に応じて支援することが求められる。

第4節　保育相談支援の取り組み

　子どもの育ちを支える保育士として、子育て家庭の相談を受けることは、子どもの育つ環境としての家庭を支援することであり、重要な役割である。

1. 保育相談支援の定義

　これまで見てきたとおり、子育てをしている保護者は、身近な相談相手や保育サービスなしには子育てはできない状況にある。こうした状況を踏まえ、保育所は地域の子育て支援の拠点となるべく、新たな取り組みを展開している。地域子育て支援事業などは、その一つである。保育士も子育ての専門職として、これまで以上に子育て家庭の親に対する相談支援をすることが重要になってきている。

　つまり保育相談支援とは、子育て家庭における保護者に対して行われる子育ての専門知識と方法を伝えるための取り組みであると同時に、保護者の子育てのしにくさを理解し、その気持ちを共感し受容する取り組みである。この取り組みは、子どもの最善の利益を一番に考え、子どもが育つ環境をより良いものにすることを目的に行う必要がある。そしてその取り組みにおいては、保育の専門性を基盤に、ソーシャルワークの技法等を用いて行われる。

2. 保育相談支援を学ぶこと

　保育士の取り組みの指針を示した「全国保育士会倫理綱領」には、保育士の取り組みが次のように説明してある。

　　私たちは、子どもの育ちを支えます。

私たちは、保護者の子育てを支えます。
　　私たちは、子どもと子育てにやさしい社会をつくります。

　保育士の主な役割は、保護者が不在の間、子どもを適切に保育することであるが、それだけではない。上記にあるように子どもの育ちを支えるためには、日中の保育だけでなく、その環境である保護者や社会にも目を向けていく必要がある。保育相談支援は、子どもの育ちを支えるための保護者に対する支援である。ただし、これは保護者に対して養育の指導をしていくというものではない。保育士として、保護者とともに子どもを育んでいくというスタンスである。
　現代は、子育てのしにくい社会であることはすでに述べたとおりである。子育て家庭は、外部サービスの存在を前提に子育てせざるを得ない。子育ては、保育士などとともに行われていく営みである。したがって、保育相談支援は、子どもの育ちを豊かにしていくために欠くことのできない保育士の役割であり、技術である。

【参考文献】
　　国立社会保障・人口問題研究所「第4回全国家庭動向調査（2008年7月）」
　　　　2010年
　　厚生労働省「平成22年国民生活基礎調査の概況」2011年（a）
　　厚生労働省「平成23年度全国児童福祉主管課長・児童相談所長会議資料」
　　　　2011年7月20日（b）
　　厚生労働省「平成23年人口動態統計の年間推移」2012年

第2章

保育士の専門性を生かした支援

髙玉　和子

第1節　子どもと家庭の理解

1．保育士の仕事と役割

　保育士資格は児童福祉法第18条の4に定められている。保育士は保育所や乳児院などの児童福祉施設で、「専門的知識及び技術をもって、児童の保育及び児童の保護者に対する保育に関する指導を行う」者をいう。2001年の児童福祉法改正により、保育士登録が義務化され、保育士資格を持たない者がその名称を使うことを禁じている。資格の法制化に伴い、「信用失墜行為の禁止」(同法第18条の21)や「秘密保持の義務化」(同法第18条の22)が規定され明確化された。また、保育士は社会福祉分野において対人援助職の価値や倫理観を持ち、保育の専門職として自覚を持って任務に当たらねばならない。

　保育士の主な仕事は子どもの保育であるが、児童福祉法の改正と少子化対策によって、保護者への保育に関する指導や地域の子育て家庭への支援が本格的に始まった。これまでも子どもの成長発達を促し、基本的生活習慣を身につけて社会的自立につながる生活援助を行う保育・教育を実践してきたが、子どもやその家庭を取り巻く社会状況の変容により、子どもへの関わりをきめ細かく行うとともに家庭との連携を深めて、子どもの育ちや保護者を支える多様な支援を地域社会で展開している。

2．子どもと家庭を取り巻く社会環境

　日本では、1989年に合計特殊出生率（15歳から49歳の女性が一生のうちに平均して子どもを生む割合のこと）が1.57に低下したと分かった「1.57ショック」と称されて（1990年）以来、国民の関心が高まり、少子化は社会問題となった。2016年の合計特殊出生率は1.44となり、出生数も97

図表1　少子化対策の経緯

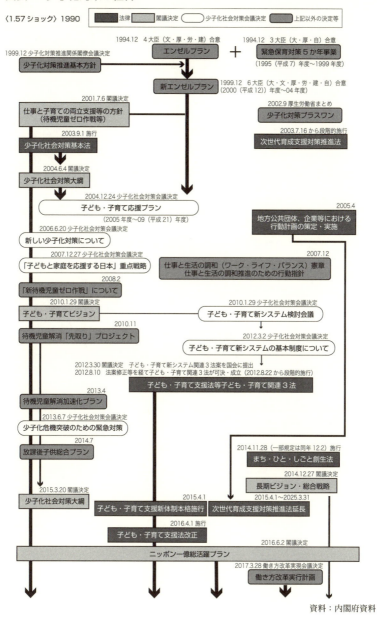

資料：内閣府資料

第2章●保育士の専門性を生かした支援

万6,979人と前年度より2万8,698人減り過去最少となった。現在の人口を維持していくには2.08以上必要である。この状況を打開するため、国が少子化対策に乗り出すことになり、**図表**1に示すとおり、1994年にエンゼルプランを打ち出してから次々と少子化対策を打ち出しているが、効果があったと実感できる状況とはなっていない。

　少子化により家庭における子ども数が減少し、一人っ子や2人兄弟が増え、家庭内での人間関係は単純化してきていると考えられる。人間の交互作用は集団の人数に規定されるため、兄弟数が少なくなればなるほど、家庭内での家族員どうしの関わり方や情緒交流の経験もおのずと減少してくる。しかし一方、子ども数が少ないことにより、親をはじめとして周囲の大人たちとの関わりは活発になる。

　そのような中で育つ子どもは、大人に十分愛される機会を持ち、自分の要求を通すことができる反面、常に干渉され甘やかされて育つ可能性は否定できない。現代の子どもたちは一様に、精神面でもろいと言われているが、育つ過程で兄弟間の競争や分かち合いの経験が乏しくなっていることも要因と考えられる。子どもが大人と関わることは必要であるが、乳幼児期や児童期を通じて子どもどうしの関わりがより大切であることは周知の事実である。

　子どもの人との関わりの希薄化や生活体験不足が言われるようになり、これらのことを補うために、保育所等ではさまざまな取り組みを行ってきている。異年齢保育や縦割り保育、他園や小学校との交流、中学生・高校生の保育体験・職業体験の受け入れなど、幅広い年齢層の子どもたちと活動を共にする機会を設定している。また、季節の行事を積極的に保育に取り入れることにより、ふだんの生活に変化を持たせ、家庭で行わなくなった行事を行い、子どもの生活経験を豊かにすることを目指している。

3. 子育て支援の広がり

　少子化が進行し、子どもの人数が減っているにもかかわらず、多くの保護者は子育てに関する悩みを持っており、誰かに相談したいと思っている。家族構成を見ると、核家族の割合が多くなり、それに加え女性の就業率が高くなっている。人口減少に伴う人口構成の変化により、生産年齢人口（15〜64歳）が少なくなっていることや、大学・短大などの高等教育機関で教育を受ける女性が増え、修得した資格や知識、技術を生かして働き続けたいと望む女性が増加している。しかし、女性は結婚後、妊娠、出産、子育てと男性とは異なる母親業があるため、就業を継続していくには夫の理解と協力が必要であり、さらに勤務先や社会全体で子育てを支援するしくみがないと、子育てと仕事の両立は難しい。

　育児休業制度（根拠法の正式名称は「育児休業、介護休業等育児又は家族介護を行う労働者の福祉に関する法律」）があるが、2016年の女性の取得率は81.8％であり、男性は極めて低く3.16％である。2007年の少子化社会対策会議でとりまとめられた「子どもと家庭を応援する日本」重点戦略により、「仕事と生活の調和（ワーク・ライフ・バランス）」の実現を目指す施策がなされたが、男性の長時間労働はすぐには是正されていない。このことからも、育児の担い手は母親であることは一目瞭然である。働きながら子育てをすることは、身体的にも精神的にも負担が大きく、家族や友人などの身近な人たちの私的支援とともに、保育所のような児童福祉施設等の保育サービスを利用する公的支援も必要である。その子育て支援の中核を担うのは保育士である。

　さらに保育士は、保育所入所の子育て家庭だけではなく、地域社会に生活する一般家庭に対しても子育て支援を行っている。保育士は、保育の専門性を生かす活動を保育所内だけに限って行っているわけではない。地域の子育て中の専業主婦は、気軽に子育ての相談ができる場を求めている。保育士は国家資格を持つ保育の専門職であることから、子育てに

関して安心して相談できる人物として認知されている。現在保育所のほか、子育て支援を実施している保育・教育の施設や機関は、幼稚園、児童家庭支援センター、各種児童福祉施設、児童相談所、福祉事務所、保健所・保健センター、NPO法人など数多くある。

第2節　保育所の特性を生かした子育て支援

1．保育所における子育て支援

　『保育所保育指針〈平成29年告示〉』の第1章総則に、「保育所保育に関する基本原則」が規定されており、それに則り、第4章には、「保育所の特性を生かした保護者に対する子育て支援」が定められている。保育に関する専門知識・技術を生かしていくこと、保護者と信頼関係を築くこと、保護者の気持ちを受容し、子どもの成長を共に支えること、子育ての不安や悩みを軽減、解消していくように支援していくことなどが述べられている。

　地域にある身近な保育所に勤務する保育士が、初めての子育てや生活環境の変化、経済的な困難を抱えている子育て家庭に対し、相談にのり手を差し伸べていくことが、問題を未然にあるいは重篤になる前に防ぐことにつながる。その際には、地域の関係機関等と連携を密にし、情報交換を行い、ネットワークを構築していくことが有効に働く場合がある。

　また「保育所を利用している保護者に対する子育て支援」として、(1) 保護者との相互理解、(2) 保護者の状況に配慮した個別の支援、(3) 不適切な養育等が疑われる家庭への支援の3点についてあげられている。さらに、「地域の保護者等に対する子育て支援」として、(1) 地域に開かれた支援、(2) 地域の関係機関等との連携、について述べてい

る。つまり、保育所の保育士は、子育て支援を担う専門職として、保育所を利用している子どもと保護者に対して支援するだけではなく、地域社会の子育て家庭へもその専門性を最大限に生かしていくことが求められている。

　保育士は日々の保育に関する知識・技術を用いて子どもの保育をしている。保護者からの質問や疑問、子育てへの助言などには、子どもに関するものが大部分を占めている。ソーシャルワークやカウンセリングの面接技術をベースにしながら、保育で培った子どもを見る目や状況把握、分かりやすく説明する方法、保育や福祉サービスなどの情報提供、親子をつなぐコミュニケーション技術、遊びの指導などを適切に用いると、保育士ならではの相談ができる。保育士は、保護者にとっての子育てのパートナーとして、いっしょに子どもの育ちを支援し見守っていく責務がある。

　そのため、子どもの心身の成長発達過程を熟知し、基本的生活習慣を身につけることを援助し、豊かな遊びの環境を整え、生きていく喜びや楽しさを感じられるよう生活全般にわたり支援していく必要がある。子どもが保育士といっしょに園で過ごす様子を保護者にも見てもらう機会を設け、子育てのヒントを与えたり、子どもとの関わり方のモデルとなることで、親子の関係性を改善したり良い方向に転換していくことができる。保育相談支援は、面接室等で相談に応じる以外に、このような日常的な保育上の関わりからも行うことができるのである。

2. 特別な支援が必要な子どもや家庭への配慮と理解

　障害や病気のある子どもや虐待を受けている子ども、外国籍の子ども、貧困家庭の子ども等々、特別な支援が必要な子どもがいる。

　障害の中でも、近年増加傾向にあるのは発達障害である。身体的あるいは知的に明らかに障害があると分かる場合は、保護者も徐々に子どもの障害を受け入れ、子どもにとって最善の子育て法はどのようなものか、

何ができるかを考え始める。しかし、知的には普通であるにもかかわらず、社会性に問題がある発達障害の子どもたちの保護者は、なかなか障害のあることを認めたがらない。「注意欠陥多動性障害（AD/HD）」や「アスペルガー症候群」、「学習障害（LD）」などの発達障害の子どもは乳幼児期に発見されにくいこともあり、身体的にも知的にもあまり問題があるわけではないので見過ごされることが多い。

(1) 発達障害の子ども
①注意欠陥多動性障害（AD/HD）の特徴と症状
　AD/HDの基本的症状は、「多動性」のほか「不注意」、「衝動性」である。多動性とは落ち着きがなく、いつもそわそわしてじっとしていることができない症状である。そのため、絵本読みや紙芝居などの時間に座って集中して見ていることができない。また、保育室をあっちに行ったりこっちに行ったり、一つの遊びに集中できない子どもが多い。気が散りやすく、不注意で物事に集中して取り組むことができないために、集団生活の中で浮いてしまうことがある。また、衝動的に興味があるものに突進したり、園外に飛び出そうとすることから、外遊びや散歩のときには注意を払う必要がある。自分の思ったことを口に出したり手を出したりと、友達との関係でトラブルが生じることも多い。

②アスペルガー症候群の特徴と症状
　アスペルガー症候群は自閉症と同様の発達障害であり、言語や認知面での遅れはない。対人関係に問題があり、人と視線を合わせない、表情が乏しいなどの特徴がある。一人遊びを好み、周囲に他の子どもがいても独自の世界にいるため、関わりを自分から求めない。言語コミュニケーションに問題を持ち、一方的に自分の話したいことを話すため、相手との会話がかみ合わないことが起きる。また、自分の興味のあることには強いこだわりを示し、自分なりの順番やルールがあることから、そのとおりにいかないとパニックに陥ることもある。片づけの時間になり、

他の子どもたちは保育士の声がけに応じて玩具をしまうことができるが、アスペルガー症候群の子どもはいつまでも遊びをやめないため、保育士に片づけられてしまうと泣き叫んだりして切り替えが難しい。食べ物に関しても、好き嫌いが激しく偏食の子も多い。

　発達障害のある子どもの特徴や症状を把握し、生活の中で現れる一人ひとりの異なる様相を理解し、その子どもの心情や要求をくみとっていくことが大切である。保育所の集団生活に慣れるよう、伝達方法を言葉だけではなく、別の手法を用いて工夫していく。また、周囲の子どもたちには分かりやすい言葉で発達障害の子どもの気持ちを代弁して伝え、誤解やトラブルを回避することも必要である。
　家庭や療育施設と連携をとりながら、保育を進めていくことが重要である。特に保護者が子どもの障害を受容できるようになる過程を温かく見守り、話を聴く機会を持ち、心理的に支えていくことが必要である。

(2) 虐待を受けている子ども
　乳幼児期の子どもの虐待にいち早く気づくのは保育士である。保育所では、午睡の時間には必ずパジャマに着替えて寝る。そのとき、保育士はクラスの子どもたちの身体状態や機嫌、言動などを注意して観察することにより、虐待を早期に発見することができる。身体にあざや打撲の跡、けがなどがあれば、身体的虐待が疑われる。ネグレクトは、衣服や持ち物が清潔か、また季節に合った服を着ているか、食事をきちんと食べさせてもらっているかなど、清潔面や栄養状態から判断できる。また、送迎のときの親子関係を観察し、いつも叱られてばかりいないか、保護者が迎えに来ても帰りたがらないなど愛着形成に問題はないか、などもチェックポイントである。そのほか、不適切な性的関わりがある性的虐待は見つけにくいが、子どもの表情が暗かったり、遊びの中で性に関する言動が多く見られるようであれば可能性が高い。

ふだんの保育所生活において、子どもの変化を見逃さず、疑問に思ったときは身体状態や気になったことを記録に残すなどして、後日、虐待が判明したときに証拠となる資料を提出できるようにしておく。虐待者である保護者に厳しい接し方をするのではなく、虐待の起きる背景について理解するようにし、保護者とコミュニケーションがとれる体制作りに努めるなど、保育所全体で一貫した対応をしていくことが大切である。

(3) 外国籍を持つ子ども

　日本で働く外国人の子どもは、保育所等を利用している。文化や習慣の違いからくるトラブルが多く、食事の習慣が日本と異なることから、誤解が生じるケースも出ている。例えば、豚肉を食してはいけない場合やおにぎりなどの冷たい米飯は食べない文化圏の人たちに対しては、その国の食文化・習慣を理解するとともに、日本の文化を知ってもらう機会を設ける配慮が必要である。園だよりやおたより帳、配付プリント、手紙などで知らせるだけでなく、直接保護者に伝えて相互理解を図ることが肝心である。保護者が日本語をまだ話せず伝達内容が伝わらない場合には、通訳や仲介となる人を立てコミュニケーションをとるなど、相手の立場に立った支援方法を考えていく必要がある。言葉の壁によって信頼関係が築けないことがないように配慮すべきである。

第3節　家庭を支える相談支援

1．保護者との信頼関係を築く

　保育士は子どもの保育を行いながら、保護者への保育に関する連絡や指導など、専門的な知識や技術を生かした仕事内容を行っている。保育も相談業務も人間を扱う仕事であり、その人の人間性（考え方、価値観、性格、教養、生活体験など）が反映されてくる。ふだんの生活の中の自己の生き方が現れてくる。信頼関係を形成するにはコミュニケーションが大事であり、自ら人と関わろうとする能力を持っていることが望ましい。

　日常生活における保護者との関係は挨拶から始まる。子どもの送り迎えをする保護者は、子どもを預かり生活支援を行ってくれる保育士に感謝している。その際、保護者のほうから声をかけてくれるのを待っているのではなく、保育士から積極的に挨拶しながらコミュニケーションを図っていくと良い関係が築ける。「おはようございます」「いってらっしゃい」「お帰りなさい」「お仕事、お疲れさま」などの声かけとともに、今日クラスでしたことや子どもの成長・発達など、保育中に見られる出来事などについて言葉を添えることにより、お互いの意思疎通が円滑に行われるようになる。

2．保護者の相談に応じる姿勢・態度

　保護者は送迎の際に、気持ちよく挨拶し日常会話を気軽にやり取りできる保育士には、何かあったときにはこの人に相談しようと考える。何か話したそうな印象を受けたり、心配事がありそうな様子がうかがえるときには、子どものことを話題にしながら話しやすい雰囲気を作ることが大切である。保護者が「うちの子がね……」と口ごもり、話しにくい

そぶりを見せたときは、話をする時間が取れるか否か都合を聞き、ゆっくり話せる機会を作る。クラス担任が相談の窓口になる場合が多いが、深刻な内容の場合は以下のことに留意して進めるとよい。

　①周囲を気にせず話ができる独立した空間を利用する（相談室など）。
　②話を聞く前に、話された内容は他には漏らさないことを伝える。
　③担任が対応できる範囲を超えている場合は、園長や主任にいっしょに話を聞いてもらう。

　特に勤務して日が浅い保育士は、結婚生活や家庭内の事情を打ち明けられることに戸惑いが大きい。その場合は園長や主任に相談し、対応を代わってもらうほうが適切であるため、自分一人で何でも解決しようと抱え込まないほうがよいであろう。

3. 保育所の特性と保育士の専門性を生かす支援

　保育士は、日々専門的な知識や技術を用いながら保育経験を積み重ねていく。保護者の相談に対し適切な応答ができるようになるまでには、ある程度保育経験を積む必要があるが、個人の資質も関係してくる。相手の話を聴く姿勢が初めから備わっている人はまれであり、大多数の保育士は養成校において「相談援助」や「保育相談支援」等でひととおりのソーシャルワークや面接技術を学び、保育に関する相談支援に臨む基礎を習得することができる。**図表2**のように、社会福祉分野における対人援助職の価値や倫理の上に、保育士の持つ保育士の専門知識や技術を用いながら、子どもの保育を媒介にして保護者支援に努めることが求められる。

　しかし、実際の保護者の相談は紙面上の事例と違い、実際の生活の話であり、日常接している身近な人から聴くことに対し戸惑いや驚きがある。新人の保育士には未婚者も多く、夫や子どもと生活する家庭の様子は、自分が育った家庭を基準して考えることになる。現実にはさまざまな家庭が存在し、自分の理解を超える生活をしている家庭もある。まず

図表2　保育士の専門性の構造

出典：[柏女ほか、2010] p.71を基に作成

は社会の中でどのような人々が暮らしているのか、いろいろな人々と出会い話す機会を持つことである。さらに、日々変化する社会状況についても、新聞やテレビなどメディアの情報をキャッチしておくことが大事である。日頃から自分のアンテナを広げて情報を集め視野を広げることにより、保護者と豊かな会話を交わすことができる。

　また保育士どうしの連携を大切にし、チームワークで働く強みを生かすこともできる。相談内容に関する秘密保持は、保育書内における保育士間で守られると同時に、障害や虐待などの場合には他機関と連携協働して対応に当たるため、関係者間共通の秘密保持となることを自覚し、保護者のプライバシー保護に努め、問題解決に向けて相談に応じていくことが重要である。

【参考文献】
浅井春夫編著『シードブック 子ども福祉』建帛社、2007年
柏女霊峰・西村真実・橋本真紀・高山静子編著『保護者支援スキルアップ講座——保育者の専門性を生かした保護者支援』ひかりのくに、2010年
厚生労働省『保育所保育指針〈平成29年告示〉』フレーベル館、2017年
髙玉和子・高橋弥生編著『子どもと福祉』(子ども学講座4)一藝社、2009年
内閣府『平成29年度少子化社会対策白書』2017年

第 3 章

保育相談支援の実際

谷　真弓

第1節　保育相談のポイント

　社会の最も小さな単位である家族に生まれ落ちた人間の赤ちゃんは、とても未熟で一人では何もできない状態である。そして、家族を中心とする周りの人たちと温かく深い絆を結ぶ中で育てられ、長い時間をかけて、人として生きていくためのさまざまな力を身につけていく。子育ての道のりはとても長く、家族にとっても本人にとっても初めての経験ばかりであり、次々と心配なことや不安なことが生じてくる。子育てに関する情報はあふれているが、実際に気軽に相談できる人間関係がない現代の社会においては、「保育所」という場で、保護者とともに子どもの成長・発達を支えていく立場にある保育士に求められている役割は拡大している。そうした中で、保育士が保護者から受ける相談の内容は、広い範囲にわたっている。

1．主な相談項目

(1) 生活習慣
　子育てにおいて、食事・睡眠・排泄などの生活習慣に関する保護者の悩みや不安は常につきまとう。家庭と同様に、子どもたちの生活の場である保育所においては、生活習慣に関する問題は発見されやすく、保護者にとっても、保育の専門家である保育士に相談しやすい。そうした中で、生活習慣に関する保育の知識を基盤としながらも、それぞれの家族が持っている生活スタイルや事情を踏まえたうえでのきめ細やかな指導や助言が必要とされる。

(2) 子育てにおけるストレスや不安
　孤立しがちで、周りからの直接的なサポートや心理的な支えが少ない

中で日々の子育てをしていると、育児ストレスや負担感を抱えやすくなる。保育士は、毎日の送迎や連絡帳などを通して保護者との信頼関係を積み重ねていく。そうした中で、保護者が抱える育児ストレスや負担感を感じ取り、その軽減のために果たすべき保育士の役割は大きい。

(3) 発達の遅れ

子どもの発達についての情報があふれている中で、発達について保護者は常に敏感になっている。そのため、不安や心配を抱えやすく、いざ問題を感じたときには相談しづらい状況がある。発達の遅れに関する保護者の悩みや不安に対しては、日々の生活の中で子どもたちの発達を支えている保育士として、専門的でありながら保護者の気持ちや不安に丁寧に寄り添った援助が求められる。

(4) 気になる行動や癖

子どもの心身が発達・成長していく中で、気になる行動や癖は次々と出てくるものである。保護者は、気になる行動や癖ばかりに目が向き、その解消や改善を焦る中で問題がこじれていることも少なくない。気になる行動や癖が持つ意味は何か、そして望ましい対応や関わりについて、状態や発達段階に応じた支援が必要となる。

(5) 家族関係

父親・母親、子ども、そして兄弟姉妹、祖父母などから成る家族成員は互いに影響を受け合い、その響き合いは繊細なものである。子どもを生み育てていく中では、その家族関係においてさまざまな課題や葛藤が出てくるものである。このため、子育てを支援することは家族への支援であるという視点を持つことが求められる。また、ときには虐待や家庭内暴力など深刻なケースもあり、他機関との連携が必要になる。

2.「発達」というキーワード

　前項では、保育所における主な相談項目として、生活習慣、育児ストレス、発達の遅れなど、いくつかに分けて述べたが、これらの内容は複雑に絡み合い、重なり合っているため、実際には分けて考えることが難しい場合が多い。具体的には、生活習慣についての悩みから子育ての負担やストレスが増大したり、家族間にある問題によって子どもの気になる行動が起こったりするものである。

　保育所で保育士が関わる相談内容の範囲は広いが、保育所は保護者とともに子どもを育てていく場であり、相談事例からは「発達」という一つのキーワードを読み取ることができる。人が大きく成長するときには、大変なことやしんどいことが次々と起こる危機があるものである。「危機」という言葉は、英語では「クライシス」であり、この語源は「分かれ道」である。保護者や子どもたちが抱えているしんどさや大変さは、発達に伴う大きな変化の中で起こってくることが多いものである。明日の発達や成長につながっていく分かれ道に立っている保護者や子どもたちを支援しているという見方が大切である。

　「発達」とは、人の誕生から死までを意味している。保育士は、子どもの心身の発達の道筋だけではなく、子どもを生み育てている子育て世代の心身の変化やそのあり方への洞察も深め、子どもたちの発達を支えながら、その保護者にも寄り添って支援してくことが求められている。

3. 本当に相談したいことを把握する

　保護者の相談は、「言葉が遅い」「トイレの自立ができない」「夫の育児の協力が得られない」など、一見すると、日常の中でよく見聞きする内容である。そして、そうした相談は、具体的な助言や知識の提供などによって解決することもある。しかし、それらは実は、相談におけるほんのきっかけや入り口であり、そこから発達の問題や家庭内の親子間・

兄弟間で抱えている葛藤などにつながっていることが多い。相談の表面的な内容からは簡単に想像できない個別性の高い問題や課題であるが、それらに保護者が取り組みたいという気持ちが少しずつ芽生え始めているのである。このため、保護者の事情や状況があまり考慮されずに、表面上の悩みや問題に対して指導や助言が与えられただけで終わり、抱えている不安や心配な気持ちに寄り添っていない場合には、保育者への不満や不信が大きくなる。保育士に求められている相談支援の技量の一つは、保護者が解決を求めている内容をキャッチする力、感じ取る力である。そして、それらの問題や課題に保護者が取り組み、家族一人ひとりが日々歩みを進めるのを支えていくことが、保育所における相談支援なのである。

第2節　保育相談支援の過程

　相談支援の過程を、大きく3つ（インテーク・展開・終結）に分けて考えることにする。
　まずインテークとは、「受け入れ」の意味であり、初めての面接、保護者との出会いのことである。インテークから始まり、面接の回数を重ねて、問題や課題への取り組みが展開し、相談が終結していくという過程をたどる。この3つの流れを見ていきながら、それぞれの過程における大切なことを確認していこう。

1. インテーク

　保護者との出会いの場面であるインテークにおいては、保護者がどういった気持ちで保育士に相談しようとしているのかを考えることが大切である。他者に相談するということは、問題に向き合うということであ

り、とても勇気や決断が必要なことである。保護者が、不安や緊張を抱えながら大きな一歩を踏み出しているという状況や気持ちを理解したうえで、安心感を持ってもらい、信頼してもらい、今後の問題や課題への取り組みを共に進めていけるようにすることが、インテークにとっては重要である。

(1) 出会いの場面について

　保育士は、保護者と日々の保育や送迎時、立ち話の中で、関係の構築が進んできている場合も多いと思われる。しかし、日常的なコミュニケーションとは異なり、相談をするために保育士の前に座るとなると、不安や緊張を感じるものである。このため相談時においては、安心を感じてもらえる空間と時間の設定が大切である。人の出入りがなく、周りに話の内容が聞こえない場所や時間の確保が必要である。また同時に、保育士が知った保護者のプライベートな内容を他に漏らすことはなく、秘密が守られることを伝えておく。

(2) 信頼関係を築くために「聴く」

　保護者と信頼関係を築いていくために大切な姿勢の一つは、「話をよく聴く」ことである。悩みや不安を抱え、さらにそれを相談するに当たって緊張や不安を抱えている保護者にとって、話をよく聴いてもらったという体験や実感は、安心感や信頼感につながる。ここでの「聴く」とは、姿勢や態度などで温かい非言語的なメッセージを送りながら、保護者の話をよく聴くということである。自分の意見や価値観を持ち込んで保護者の悩みや不安を判断したりせず、じっくりと話を聴いていく共感的な温かい姿勢が、保護者を心理的に支え、この先、問題や課題に取り組んでいこうという保護者の意欲を高めるのである。

(3) 対応に向けて

　信頼関係が構築された中で保護者が語る悩みや不安は、表面的な内容から少しずつ深まり、より高い個別性が出てくる。前節で、「本当に相談したいこと」をキャッチする力、感じ取る力の大切さに触れた。相談支援の「展開」に向けて、保護者の本当の問題や課題を互いに確認し、共に取り組んでいくことをスタートさせるまでがインテークの区切りとなる。

2. 展開

　展開においては、信頼関係を構築したうえで、保護者とともに問題や課題に取り組んでいくこととなる。このとき、保育士は課題や問題の原因を探るという見方や対応ではなく、受容的・共感的な態度で気持ちを受け止め、保護者自らの選択や決定を支えていくことが大切である。問題や課題の原因を直線的な因果の中で捉えるのではなく、さまざまなことが重なり合って問題や課題が生じていると考える。発達の道筋で家族や子どもたちが抱える問題やしんどさは、次のより高いレベルの発達や成長へとつながっていくための段階である。このため、問題の原因を探るよりも、日々の豊かな経験の積み重ねを重視していくことが大切である。

　悩みや不安はすぐに消えるわけではないが、明日への希望や明るい気持ちを保っていけるような援助や助言を具体的に行っていくことである。相談支援における一つの目標は、保護者が日々の子育てに自信を持つことができ、子どもの成長や発達を感じることができるようになることである。悩みながらも日々の歩みを進めていこうという保護者の意欲の高まりや前向きな気持ちが、相談の終結へ向けての一つの目安となる。

(1) 具体的な助言や指導

　保護者が解決を求めている内容が子どもへの具体的な関わり方である

場合は、個別的な事情や状況をよく聴き情報を集めたうえで、保育士の立場から助言や指導を行う。このとき、一方的に望ましい関わり方を助言するのではなく、保護者の具体的なエピソードをよく聴き、現在の保護者のやり方を尊重したうえで、それを工夫したり応用したりする方法を伝える。

(2) 不安やしんどさへの共感

　相談が継続して進むにつれ、保護者の不安やしんどさが語られることも多くなってくる。問題や課題に取り組んでいく中では、不安やしんどさなどの感情が表現されることこそが大切である。そして、保護者の気持ちや思いに共感し、支持したり励ましたりすることにより、保護者自身が持っている子どもを育てる力に気づいてもらうことが目標となる。

(3) 問題や課題を捉え直す

　保育士との相談支援の関係の中で、保護者がこれまでしんどさや大変さを感じてきた問題や課題が、新しい枠組みで捉え直されるようになることも多い。具体的には、問題だと思っていたことが成長・発達しているあかしであると考えられるようになったり、子どもの問題だと思っていたことが夫婦間や自分自身の問題だと考えられるようになったりすることである。問題や課題が捉え直されることで、次の新たな問題や課題への取り組みが必要になることもある。子どもや家族が抱える問題は、これまでの長い積み重ねで、さまざまなことが複雑に絡み合っていることが多い。このため、時間をかけて少しずつ問題を解きほぐしていく過程があり、それを保育士が支えていくこととなる。

3. 終結

　終結においては、保護者が問題や課題に自ら向き合い、取り組んできたことを振り返りながら、保育者とともに一つの区切りをつけることとと

なる。そして、また新たな課題や問題が出てきたときも、それらに向き合い、取り組むことができるという自信を深め、相談支援を終える。その時期は、卒園や進級などの節目であったり、気持ちのうえでの区切りであったりする。

(1) 子どもの成長を共に感じる

　子育ての道のりは長く、悩みや不安はこれからも次々と出てくるものである。その長い道のりの中で、保護者が子どもの成長を認めたり感じたりする気持ちを保つことができることが大切である。子どもを育てている保護者の日常の中に保育所があり、保育士からの関わりがある。保護者と子育てを共有している保育士ならではの関わりや支援は、子どもたちが毎日を積み重ねて成長・発達していく姿を共に喜び合えることである。そして、その成長や発達を支えている保護者を支持したり励ましたりしていく中で、保護者が子育てに悩みながらも日々の歩みを進めていこうという気持ちを保てるようになることが終結の一つの目標である。

(2) 他機関との連携に向けて

　保護者が抱えている課題や問題の内容によっては、発達支援のための専門機関や他の児童福祉施設につなげていくことが必要なこともある。保育所で保育士としてできる支援の範囲をよく認識したうえで、他専門機関と保護者や子どもたちをつなぐ役目を果たし、保護者が保育所とは異なる場所で相談を継続できるように支援していくことが求められる。

第3節　相談支援事例の分析・考察

　ここでは、実際の保育所における相談事例を取り上げ、保護者が問題

や課題に取り組みながら子育ての歩みを進めていくのを保育者としてどのように支援できるのかについて、具体的に見ていこう。

1. 小さく生まれた女の子（3歳）

　朝の送迎時、お母さんはいつも時間に追われている様子で、なかなか離れようとしないMちゃんへの対応はアッサリしていて、冷たい感じがする。言葉がけや対応は教育的・指示的で、保育士から日中の様子を伝えても、母親はMちゃんが周りに比べてできないことばかりに目を向けていることが分かる。そんな中、母親からトイレットトレーニングについて、担任の保育士に相談したいとの申し出があった。

　しかし日頃から、母親のMちゃんへの対応が気になっていた保育士は、母親が「相談したい」と声をかけてくれたことを良いチャンスと捉えた。共感的に丁寧に話を聴いていくと、母親の思いが語られた。それは、近くに住む父親方の祖父母の援助を受け、看護師として働きながら日々の子育てに追われているという内容であった。さらに、Mちゃんは小さく生まれ、保育所に入所前の1歳頃までは医学的なフォローを要していた。その後、担当医から問題はないと言われたが、周りに比べて発達がゆっくりであることがずっと気になり、不安や焦りを抱えている、とこれまでの経過や気持ちを語ってくれた。その言葉のはしばしに、「私が小さく生んだから…」とあり、母親が自分を責めていることがうかがえた。

　この事例では、母親自らが保育士への相談を希望したことがきっかけとなり、相談支援が始まっている。そして、保育士が受容的な態度で共感的に話を聴いていく中で、母親の気持ちが語られ、不安や焦り、子育てをがんばりすぎている状況から母親の教育的・指示的な態度が生じていることが分かる。それゆえ、Mちゃんの日々の成長・発達を支えているのは母親の関わりであることを伝え、母親自身が持っている子どもを育てている力とそのがんばりに気づいてもらうことが大切である。そし

て、母親が焦りや不安を抱えすぎず、Mちゃんのペースでの成長や発達を認められるようになる援助が求められる。

2. 吃音を繰り返している男の子 (5歳)

　秋から入所してきたK男君は、新しい環境の中ですぐに友達を作り、動物や虫に詳しい子である。しかし、言葉が詰まることがよくあり、友達どうしで話し始めたときに言葉がスムーズに出てこないことがある。送迎時、お母さんから「吃音ではないか…」と相談があった。

　母親の深刻な雰囲気を察した保育士は、相談の場面を改めて持つことにした。すると、母親はK男君の言葉の詰まりを心配して、その発症の原因や経過についての情報を集めて「吃音」と呼ぶことが分かり、その対応方法も知っているという。そして「一生このまま治らないのか」と思うと、とても心配だと語った。兄と弟は手がかかるが、真ん中のK男君は、小さい頃から聞き分けが良く手がかからないタイプであり、ただ言葉が詰まることだけが気になるという。3歳頃に初めて気づき、下の子の誕生や引っ越しなどの中で良くなったり悪くなったりを繰り返している、とこれまでの症状の経過を語った。

　このように、子どもの気になる症状や状態に対し、保護者はそればかりに目が向き、治さなければ、なくさなければという気持ちを持つことが多い。また、その原因を明らかにしたいという思いから、育て方のせい、環境のせいと思い詰めてしまう。

　このようなときには、まず母親がその症状や状態をどのように捉えているのかを確認する。そして、これまでの本人の成長や発達を、母親が認めたり振り返ったりする作業が必要である。現在の症状や状態は、子どもの成長や発達の流れにおいて必ずしも治すもの、なくすものではなく、つきあいながら、このまま日々の成長や発達を支えていけばいいということを母親に気づいてもらうことが一つの援助となる。

　この事例では、母親の不安や心配な気持ちに寄り添いながら、本人の

日々の成長や発達を保護者とともに共有することを大切にしていく。そして同時に、気になる症状や状態の経過には注意を払い、医療や心理などの他機関・他職種との連携も視野に入れておくことが必要である。

3. 言葉の遅れが目立つ男の子（3歳）

　　S太君は、保育所では一人で遊んでいることが多く、友達との関わりが広がらない。周りを見ながら、状況を理解して動くことも増えてきているが、言語発達のゆっくりさが目立つ。クラスの個別面談で、母親から「言葉が遅れていると思う」と相談があった。
　　母親は、「S太には1つ違いの弟がいるが、最近は言葉が伸びてきて、兄よりも話ができるのではないかと思う」と心配な気持ちを語る。しかし同時に、男の子は言葉が遅いと聞くし、父親や周りは何も心配していないという現状も語られる。そして家の中では、お気に入りのテレビ番組ばかりを見て過ごしているという。さらに、日常生活の中でこだわりが多く、気持ちの切り替えが難しく、パニックのようになる場面が増えてきているとのことである。母親からは、やりにくさや大変さのエピソードが次々出てくるが、発達がゆっくりであることを認めたくない気持ちがとても強いことがうかがえる。さらに、三歳児健診では個別育児相談を勧められたが、「まだ様子を見たい」と断っているとのことである。

　この事例では発達の遅れを感じているが、それを認めたくないという葛藤の状態にある母親の気持ちに寄り添った援助が求められる。子育てのやりにくさや大変さに共感し、母親の具体的なエピソードに結びつけながら望ましい関わり方や声かけについても助言していくことが必要である。
　保護者は、子どもの発達のゆっくりさや周りとの差などを感じながらも、それを認めたり受け入れたりすることは難しく、苦しい心理状態が続くものである。このため、母親を心理的に支えながら、母親のペース

に合わせて子どもへの発達支援を進めていくことが必要である。発達に関する専門相談や受診についても、保護者の日々の子育てを支えていく中で、保護者自らが選択したり決めたりしていけるような援助が求められる。

4. 園で話をしない女の子（6歳）

　K代ちゃんは、人の輪の中にいて表情も豊かだが、園で自ら話をすることはほとんどない状態である。友達とのやり取りはジェスチャーであるが、楽しんでいる様子が見受けられる。担任保育士は、より大きな集団生活となる小学校に向けて心配していたが、お母さんからK代ちゃんの状態についての相談は全くなかった。

　担当保育士はK代ちゃんの状態が気にかかりながら、日々の送迎時や連絡帳で保護者へK代ちゃんの成長や良い所を繰り返し丁寧に伝え、「何か気になることがあれば相談してください」という温かな姿勢を保ってきた。そうした中で、個別懇談会で母親が園での様子はどうか、何かおかしいことはないかと尋ねてきたことをきっかけとして話を聴くことになり、家庭の現状や悩みが語られることとなった。その内容は、半年前に夫婦仲の悪化から夫が家を出て行き、現在は別居状態にあるということであった。その頃から、K代ちゃんが外出先や祖母宅で全く話をしなくなったとのことである。母親は、このままでは小学校に行ったら苦労したり勉強についていけなくなったりするのではないかと不安を語る。また、夫婦の問題を中心に、これまでのつらいことや大変なことが多かったことを涙ながらに語った。

　この事例のK代ちゃんの母親は、個別懇談の中で、これまで一人で抱え込んでいたことを保育士に話せたことがきっかけとなり、日々の悩みやつらさを保育士によく相談してくるようになった。夫婦関係の問題については時間がかかるようであるが、母親の表情が明るくなり、K代

ちゃんも保育所での時間を充実させている。

　子どもが育てられる場の中心である家庭で起こる問題は、子どもの心身の状態と常に深く関わっている。このため、保育所における相談支援において、家族関係は重要なテーマである。家族間で起こっている問題への対処や決断の中で生じてくる不安やつらさに共感しながら、保護者を支えていくことが求められる。

5. まとめ

　保育士の専門性の一つは、子どもの生活の中でその発達・成長を支えていくことである。保育相談支援とは、保育士としての専門性を生かして、保護者に寄り添い、援助していくことである。保護者への相談支援の一歩として、まず話をよく聴き、安定した信頼関係を構築したうえで、相談の中にある本当のニーズを互いに確認する。そして、共に問題や課題に取り組む中で、保護者自身が持っている子どもを育てる力に気づいてもらうことが大切である。さらに、子どもたちが毎日を積み重ねて成長・発達していく姿を喜び合える関係の中で、保護者が子育てに悩みながらも日々の歩みを進めていけるよう支えていくことが求められている。

【参考文献】
　次良丸睦子・加藤千佐子・五十嵐一枝・高橋君江『子どもの発達と保育カウンセリング』金子書房、2000年
　中田洋二郎『発達障害と家族支援――家族にとって障害とはなにか』学研教育出版、2009年
　平木典子・袰岩秀章『カウンセリングの基礎――臨床心理学を学ぶ』北樹出版、1997年
　無藤隆・安藤智子編『子育ての支援の心理学――家庭・園・地域で育てる』有斐閣、2008年

第4章

子どもの最善の利益の重視

大野　地平

第1節　子どもの最善の利益

1．条文に見る「最善の利益」

　子どもにとって良いこととは何だろうか？　例えば、子どもの願うことが何でもかなって、アニメの主人公のようにきれいな洋服を着ることだろうか？　それとも、子どもの頃の夢が必ずかなうように親がそのレールを敷いてくれることであろうか？

　今、書いたことは、確かに子どもにとっては「良いこと」だと思える。しかし、アニメの主人公になったからといって幸せだろうか？　訳の分からない状態から何かしらの敵と戦うことが良いことだろうか？

　また、親が敷いてくれたレールの上を歩く人生で子どもは幸せになれるのであろうか？　子どもの関心が途中で他に向いても、いったん敷いたレールはそう簡単に変えられない。

　このように考えれば、保育者は、子どもにとっての良いこと、つまり「最善の利益」とは何なのかを真剣に考えて答えることが求められる。なぜなら、保育実践はその「最善の利益」に基づいて提供されるべきものであるからだ。

　「子どもの最善の利益」という言葉がわが国で使われ始めたのは、1989年の「児童の権利に関する条約」（以下、「子どもの権利条約」）が国連で採択され、わが国が批准した1994年からである。子どもの権利条約第3条が子どもの最善の利益に関する条文となる。

　①児童に関するすべての措置をとるに当たっては、公的若しくは私的な社会福祉施設、裁判所、行政当局又は立法機関のいずれによって行われるものであっても、児童の最善の利益が主として考慮されるものとする。

②締約国は、児童の父母、法定保護者又は児童について法的に責任を有する他の者の権利及び義務を考慮に入れて、児童の福祉に必要な保護及び養護を確保することを約束し、このため、すべての適当な立法上及び行政上の措置をとる。

③締約国は、児童の養護又は保護のための施設、役務の提供及び設備が、特に安全及び健康の分野に関し並びにこれらの職員の数及び適格性並びに適正な監督に関し権限のある当局の設定した基準に適合することを確保する。

この条文を簡単に言い直せば、子どものニーズをまず一番に考えて、国をはじめとする全ての機関および成人が行動する、ということになる。要するに、子どもは、国を挙げてみんなで守っていく存在なのだということである。2008年の新しい保育所保育指針で、「保育所における保育は、ここに入所する乳幼児の最善の利益を考慮し、その福祉を積極的に増進することに最もふさわしいものでなければならない」と記されているように、児童福祉施設の役割の中に「子どもの最善の利益」の遵守が組み込まれているのである。ただし、これらの記述は「子どもの最善の利益」を達成するためのものであり、子どもにとっての最善の利益を記したものではないと考えられる。

2.「最善の利益」とは

では、子どもにとって最善の利益とは何であろうか？ 実は、この最善の利益については、まだ具体的に明示されていない状態であり、各国で研究を行っている段階である。解釈についても、2010年に最終見解が発表されるまで、国連の「子どもの権利委員会」における協議がなされていた。それらを踏まえて考えると、2つのことが具体的に言える。

第1に、「子どもの最善の利益とは、子どもであっても1人の人間として権利を持っているものと認識して、その権利を使うこと、その権利が

侵害されないように守ることを積極的にサポートする」ことである。子どもも一人の人間として尊重され、例えば読者の皆さんが持っている権利を行使することができるし、また守ってもらえるということだ。そしてそれを周囲の大人が積極的に行動で示すということとしたのである。

第2に、「子どもを支える保護者への支援が子どもの最善の利益につながる」ということだ。今までは、子どもに対して考えることは盛んに行われていたが、「子どものより良い成長発達を保障する」には、親、家庭等を中心とした環境へのアプローチが重要であるということになる。支える周囲への支援もまた、「子どもの最善の利益」につながるということである。

これらの見解をもってしても、「子どもの最善の利益」とは何なのかということが具体的にはなっていない。しかし、少なくとも子どもが「健全に成長発達できる環境」を整えるための努力と働きかけが、子どもの最善の利益を満たすためには必要不可欠であると言える。

第2節　子どもの権利

1. 基本的人権プラス「2つの子どもの権利」

(1) 基本的人権

では、子どもの最善の利益を守るべき、子どもの権利とは何であろうか？　言うまでもなく、子どもは「人間」であるわけだから、当然、基本的人権が保障される。日本国憲法第11条では、「国民は、全ての基本的人権の享有を妨げられない。この憲法が国民に保障する基本的人権は、侵すことのできない永久の権利として、現在及び将来の国民に与へられる」と記されている。この人権に関してはさまざまな分類の仕方がある

が、大きく「自由権」と「社会権」の2つに分けられる。「自由権」とは、国が個人の領域、例えばプライベートな問題に対して、国等が権力をタテに介入することがなく、一人ひとりの自由な意思決定と活動を保障するものである。「社会権」は、誰もが、「人間に値する生活」を営むことができるように、国等の公的な責任に対して配慮を求めることのできる権利を指す。代表的なものが「健康で文化的な最低限度の生活」を保障した「生存権」である。この「自由権」と「社会権」を軸にした基本的人権が子どもであっても守られるということは、決して忘れてはならない。

　しかし前段の文章をよく読んでいただきたい。これらの権利については、どちらかというと「意見が表明できる」ことが必要であり、「発した意見を考慮してもらえる」ということが前提になっている面がある。例えば、子どもが「自分の生活は健康で文化的なものではない」と発言しても、「子どもの言うことだから…」というそっけない対応をされてしまうのは想像に難くないだろう。また、この文章を読んでいる皆さんにも子どもの頃があり、そのときに大人に対して真剣に話をしたのに聞いてもらえなかったという経験のある人がいるかもしれない。なぜそうなってしまうか？　それは「子ども」だからである。つまり、子どもの言うことなどにはかまっていられないという大人の「考え」が作用してしまうからとも言えるだろう。

(2) 2つの子どもの権利

　このような「子どもの言うことなどにはかまっていられない」という対応は、明らかな権利侵害に当たるということを私たちは知らなければならない。それを明記したものが子どもの権利条約である。子どもの権利条約では、大きく分けて2つの権利を保障していると考えられている。

　第1に、子どもは生物的にも社会的にも弱い存在であり、親などの大人が守ることなしに生きていくことができない。このように弱い存在で

ある子どもが守られることを保証するための権利を「受動的権利」という。

例えば、子どもというのは、安い賃金で働かせる労働力と捉えられていた時代があった。子どもの権利条約における「受動的権利」とは、そういった子どもの弱い立場を利用した歴史を踏まえ、「子どもは保護されなければならない存在である」としたものである。言い方を変えれば、国や大人の責任で「守られなければならない存在」として位置づけたということである。

過去の子どもの権利保障の歩みを見ると、そのほとんどが受動的権利の保障であった。例えば、1951年の児童憲章では、全ての条文が、「…守られる」や「…される」など、子どもから見ると受け身の文章であった。なぜなら、子どもの生命を守り、保護し、発達の基礎をしっかりと支えることは、国や大人の責務であるからだ。この権利保障を確かなものにすることによって、子どもの権利が進歩したと言える。しかし世界の状況を見ると、この受動的権利が十分に保障されていないために、命を奪われ、搾取され、放任されている子どもたちは決して少なくないという現実もある。

第2に、子どもを権利の行使を行う主体として捉える権利を「能動的権利」という。子どもだからといって、意見を取り合わないなどのようなことがあったときに能動的権利が侵害されているということになる。

受動的権利と比較すると、なお理解しやすい。受動的権利は、子どもであるがゆえに「守られるべき存在」としての権利である。一方、能動的権利は「子どもであっても一人の人間としての権利を有する」という姿勢に基づくものである。この能動的権利が重要な理由は、実は「受動的権利」しか見られてこなかったという歴史から言えることでもある。

例えば、前述した児童憲章などを見ると、子どもを保護するという受動的権利の保障が強調されている。言い換えれば「子どもは保護しなければならない」とも考えられる。それが強さを増すと、かえって子ども

に対する支配・管理を強め、本来求められるべき「自立」が阻害される、あるいは遅れてしまうということにもなるのである。また、「子ども＝保護されるべき弱者」として捉えるあまり、保障されるべき基本的人権、例えば自由な意志や幸福を追求する権利が、当の子どもたちの中で主体的に獲得される可能性・重要性が自覚されないままになってしまうこともある。

このように考えると、受動的権利と能動的権利という2つの子どもの権利は、両方ともに必要であるにもかかわらず、アンチテーゼのように相いれないものと考えられてしまうのである。

第3節　子どもの権利保障と支援のあり方

1．子どもの権利保障

では、この相いれない子どもの権利を保障するためには、どのような

図表1　子どもの権利保障の4段階

第1段階	子どもの命や健康、成長・発達が脅かされることのないように考慮する。 （例）虐待、ネグレクトなどをしない。	受動的権利
第2段階	子どもへの差別、偏見、蔑視がなされることのないように考慮する。 （例）人格を辱める行為をしない。先入観・固定観念などを持たない。	
第3段階	子どものニーズ、思い、願いを無視・軽視する内容に考慮する。 （例）方針を押しつけ強制するなどをしない。	能動的権利
第4段階	子どもの意見を確かめるように考慮する。 （例）思いを聴き取る。声なき声を聴く。	

出典：［東京家政大学、2010］p.69を基に作成

ことが必要になるのかを考えなければならない。まずは、**図表1**を参照されたい。

これは、子どもの権利保障を実際の場面から想定して作成されたものである。これを見ると、第1段階は受動的権利が主となり、段階の数字が上がるにつれて能動的権利が大きくなるというようになっている。

この表から言えることは、まずどのような場面においても、受動的権利と能動的権利が重なるということだ。割合の大小はあるとしても、常に両方の権利を念頭に置いておく必要があるということになる。

例えば、第1段階、第2段階では、子どもの生命や健康、発達を阻害せず、また、周囲からの偏見、援助を行う者自身の固定観念などを持たないなど、受動的側面が大きくなる。しかし、これらの段階においても、発達を脅かさないでほしいという子どもの意見を真摯に受け止められるか、またくみ取れるかどうかによって、能動的権利とも考えられるようになる。

一方で、第3段階、第4段階に見られるような、子どもの思いやニーズに応えることなどは、能動的権利である。しかし、他者に対して配慮をするというのは当然の権利、すなわち基本的人権であり、受動的な側面も持つものである。しかし、子どもでなくても他人に対して、特にサービスを利用する側の人に対して配慮することは当たり前のことである。これは基本的人権を守る姿勢と同じであり、子どもにも同様の権利があるということだ。また、そのためには子どもの意見を真摯に受け止め、応じながらも、健康を害さないように、また安全で安心できる環境であるように場面を構築するといった受動的権利の側面も備わっていると考えていいだろう。

このように考えると、受動的権利と能動的権利は相いれないものではなく、常に同時に発生し、考慮しなければならないものであると言える。

2. 子ども中心の支援のあり方

　受動的権利と能動的権利を同時に考慮しながら行う援助の方法について考える。その源泉となる考え方として、対人援助の基本となる「バイステックの7原則」がある。これはアメリカの社会福祉学者バイステック（F. P. Biestek, 1912～1994）が提唱したものである。ケースワーク（個別援助）の際に、対象となる者（クライエント）に支援を行う際の最も基本となるべき7つの原則をいう。結論から言えば、この原則を踏まえた援助こそが、子どもを中心とした援助ということになる。

(1) 個別化の原則
　これは、対象となる者を「一人の人間」として捉え、その人格、人権を尊重することである。保育の現場では「子どもたち」というように集団で考えるのではなく、子ども一人ひとりに対して、真摯に向き合うということになる。

(2) 意図的な感情表出の原則
　これは、対象となる者が本音、本当の気持ちを表すのは「感情があふれたとき」と考え、その状態を自然に表出して発散できるように支援していくものだ。否定的な感情も含めて、利用者が自由に表現できるよう意識的に関わることを意味する原則である。子どもの感情や思いが十分に理解できていないときは、感情的な表現を制限せずに出させて、それを見守ることで、問題の本質を捉えていくというものである。

(3) 統制された情緒的関与の原則
　意図的な感情表出がなされた場合、ときとして援助者に怒りや悲しみの感情をぶつけることがある。その際に自分自身の感情を客観的に認識し、相手の感情にのみこまれずに、専門家として冷静で的確な判断をで

きる状態を保つことである。いわゆるセルフコントロールと同じような意味合いとも言える。

(4) 受容
　対象となる一人ひとりの人間性や感情表現、発言内容を尊重して受け止めるということである。この原則を実践することで、子どもたちには安心感が与えられることになる。この人ならば受け止めてくれるという信頼関係は、保育の現場においてたいへん重要なものとなる。

(5) 非審判的態度
　対象となる人の価値観などについて、何が正しくて何が間違っているかという善悪判断を、審判的な態度で下してはいけないという原則である。例えば、子どもが悪いことをしたときに、一方的に叱るのではなく、なぜそのような行為に至ったのかプロセスを知ることで、話す内容も異なってくる。その際、その悪い行為については注意しても、人間性を否定しないということが非審判的態度と言える。

(6) 自己決定
　子どもであっても一人ひとり意見を持っており、その意見を大事に考えることが自己決定の基本である。ただし、自己決定をうのみにするのではなく、その決定をしたらこうなるかもしれないという予測を立てて考えてもらうということも必要なプロセスである。

(7) 秘密保持
　現在では個人情報保護などの言葉があふれているが、ここでいう秘密保持というのは、現場で得た情報を外部に漏らさないということである。なぜならば、どのような子どもがいて、どのような特徴があるなどという情報が外部に流出すると、両親は自分の子どもが他者から何かされる

のではないかという不安に陥ることになる。また、子どもの視点に立てば、秘密と約束したことがみんなに話されてしまうと、信頼関係も崩れてしまう。当然、援助者間、保護者間、あるいは実習生間の情報のやり取りは該当しないが、注意を最大限払う必要がある。

3. エンパワメント

　子どもを中心に置いた支援をここまで考えてきたが、筆者が支援する際に最も大切に考えているのは、エンパワメントである。
　エンパワメントアプローチとは、個人や集団が本来持っている、自己の真価を発揮する力、人に働きかけ協働する力、社会的・経済的な力、政治的・法的な力を行使できるように支援するアプローチのことを指す。またアプローチとして捉えるだけでなく、対象となる人や集団の内なる力自体を、あるいはその力を発揮した状態をもエンパワメントと解釈する場合もある（第7章参照）。
　エンパワメントにおいては、個人や集団に内なる力があると信じ、それに期待をし、その対象の今後を自らの力によって切り開くという観点を持つ。したがって、自己決定など基本的な援助理念のさらに根幹をなすものとして捉えることができる。エンパワメントを踏まえた支援とは、支援する者が「何かをする」ということではなく、対象となる人が援助者自身のように「何かをする」力があるという前提の下に行われる。
　一方で、例えば、あなたが障害のある人を目の前にし、「何か手伝ってあげたい」という気持ちになったとする。しかし、それをしてしまっては、対象となる人の自立を支援することにはならない。むしろ、自立を阻害さえしてしまうことになりかねない。対象となる人の自発的な行動を待つことは、福祉サービスを提供して問題をさっさと解決することよりも忍耐力を要し、難しいことである。必要なことは、専門職である援助者が、対象となる人を「何かができる」存在として捉え、そこに内なる力があるということを信じること、そしてその力を発揮できる環境

を構築する支援を行うことである。

　子どもには上記のような内なる力があり、支援を行う者が、それを引き出し、その力を信じることこそが保育支援の最も大切なことであろう。それが、子どもの「自己肯定感」を育むことにつながるのである。

【参考文献】
　　伊藤智佳子『障害をもつ人たちのエンパワーメント』一橋出版、2002年
　　尾崎新『対人援助の技法　「曖昧さ」から「柔軟さ・自在さ」へ』誠信書房、
　　　　1997年
　　東京家政大学「教育・保育実習のデザイン」研究会編『教育・保育実習の
　　　　デザイン』東京家政大学、2010年
　　(社)日本社会福祉士会編『新・社会福祉援助の共通基盤（上・下）』中央
　　　　法規出版、2004年
　　(社)日本社会福祉士養成校協会『わが国の社会福祉教育、特にソーシャ
　　　　ルワークにおける基本用語の統一・普及に関する研究』、2005年
　　渡邉洋一『コミュニティケアと社会福祉の展望』相川書房、2005年

第5章

保護者とのパートナーシップ

永田　彰子

第1節　保護者と共に子どもを育てる

1．共に子どもを育てるとは

　近年、核家族化の進行、地域の人間関係の希薄化などにより、子育て家庭をめぐる社会的状況は大きく変化してきている。ささいなことで親自身がイライラしたり、子どもとの関わり方が分からない、子どもをどのように叱ってよいのか分からない、子どもがかわいいと思えないなどの育児不安や育児疲れを訴える親は多い。このような問題の背景の一つには、子育ての孤立化が考えられる。子どもを育てていく際に、日常のさまざまな子どもとの関わりについて、気軽に誰かと話をしたり、ときには悩みを共有したりするなどの他者の存在が大きな支えとなる。しかし、地域の人間関係が希薄化している現代においては、このような子育てについて気軽に話をしたり聴いてもらったりする身近な存在が十分に機能しなくなってきている。その結果、子育ての孤立化が進み、結果として育児不安や育児疲れを感じやすい子育て環境が形成されたと考えられる。

　このような近年の子育てに関する不安や保護者自身の養育力の低下に対する対応として、「保育所保育指針」の第6章「1　保育所における保護者に対する支援の基本」(**図表1**)には、「(2) 保護者とともに、子どもの成長の喜びを共有すること」と示されている。つまり、保護者自身が子育てに喜びを感じることが困難になってきている現状においては、まず保育士は保護者の気持ちに寄り添い、子どもの成長を共に喜び共有するという機能を果たしていかなければならないということである。また、『保育所保育指針解説書』においては、「保護者と交流し、子どもへの愛情や成長を喜ぶ気持ちを共感し合うことによって、保護者は子育て

図表1　保育所における保護者に対する支援の基本（「保育所保育指針」第6章1）

(1) 子どもの最善の利益を考慮し、子どもの福祉を実現すること。
(2) 保護者とともに、子どもの成長の喜びを共有すること。
(3) 保育に関する知識や技術などの保育士の専門性や、子どもの集団が常に存在する環境など、保育所の特性を生かすこと。
(4) 一人一人の保護者の状況を踏まえ、子どもと保護者の安定した関係に配慮して、保護者の養育力の向上に資するよう、適切に支援すること。
(5) 子育て等に関する相談や助言に当たっては、保護者の気持ちを受け止め、相互の信頼関係を基本に、保護者一人一人の自己決定を尊重すること。
(6) 子どもの利益に反しない限りにおいて、保護者や子どものプライバシーの保護、知り得た事柄の秘密保持に留意すること。
(7) 地域の子育て支援に関する資源を積極的に活用するとともに、子育て支援に関する地域の関係機関、団体等との連携及び協力を図ること。

への意欲や自信をふくらませることができます」と説明されている。朝夕の送り迎えや、日常の保育士とのなにげない会話の中で、「今日は逆上がりに挑戦しました。ちょっと涙が出ましたが、最後まであきらめずにがんばりましたよ。がんばる姿がとてもかっこよかったですよ」など、保育所での子どもの姿を伝えてもらったり、また家庭での子どもの様子を保育士に話したりして、子どもの成長の姿を保育士と共有することは、子育てをしていくうえで大きな支えとなるのである。

　このような日々の保育士の働きかけにより、保護者は子どもの成長を共に喜んでくれる保育士に支えられながら、自分自身の子育てのあり方を確認したり、また今後の子育ての指針を得るだろう。また、"それなりに子育てをうまくやれている"自分を肯定的に見ることができるといった親自身の自己肯定感につながるだろう。そしてさらには、ほどよい自己肯定感を持つことができる親は、子どもに対して安定的な関わりを持つことができるのである。

2. 保護者との関わりの基本

　保護者と関わる際には、保育士にはどのような姿勢や配慮が求められるだろうか。その基盤となる考え方の一つが、保育に携わる者に求めら

れる専門性の一つである「カウンセリングマインド」である。東山紘久によれば、「カウンセリングマインド」とは、「人間と人間の基本的信頼を築くために、カウンセラーがとる態度の基盤となるもの」であり、「人間と人間との基本的信頼に基づき、相手中心（クライエント中心）に心の問題を昇華させ、クライエントが自分の人生を自分のものとして生きていくのを援助する」という「カウンセリング」の営みのための基本的態度である［東山、1995］。このようなカウンセラーとクライエントという1対1の関係の場における基本的姿勢は、保育の場面でも保護者との信頼関係を構築していく際の態度として有効である。つまり、子育てしながらの保護者自身の成長可能性を信じ、保護者自身が本来持っている自ら育つ力を発揮できる環境を保障することが、保育士の役割なのである。

　保護者は、自分の子育てや子どもへの日々の働きかけが子どもの成長を支えていること、その具体的事実を日々の保育所生活において保育士から伝えられることで、自分自身が親として無力でないことに気づき、小さな自信を育むことができる。その自信は、保護者が親として次なる課題に向き合うための力になるだろう。

第2節　家庭との連携

　保育は保護者とともに子どもを育てる営みであり、子どもの24時間の生活を視野に入れ、保護者の気持ちに寄り添いながら家庭との連携を密にして行わなければならない。ここでは、家庭との連携について、保育所に在籍している子どもの家庭との連携の場合と、在宅で子育てをする地域の家庭との連携の場合について考えてみよう。

1．保育所に在籍している子どもの家庭との連携

　保育所に在籍している子どもの家庭との連携の方法としては、連絡帳による保護者との情報交換、送迎時の保護者との情報交換、園だよりによる情報発信、保育参観、クラス懇談、個別面談などが挙げられる。保育士は、子どもの家庭生活と園生活とが滑らかに接続できるよう配慮し、必要に応じて家庭での様子を保護者に尋ねたりするなど、子どもだけでなく、保護者も共に園生活の仕方に慣れ、安定して過ごしていけるようにすることが求められる。

　近年、保育参加により保護者と保育者が子どもの育ちを共有することにより、園への理解や信頼を深める取り組みが注目されている。このように共に保育に参加する中で、子どもはいざこざや葛藤などの友達との関わりや遊びを通して育つことを実感したり、わが子以外の子どもの姿に触れることで、わが子の理解や子どもの発達そのものへの理解が深まることが期待される。

　友定啓子は一連の研究により、子どもと保護者と保育者が共に育つ「保護者サポートシステム」の構築を目指し、3歳～5歳の教育課程の各時期に合わせ、保護者による保育参加をはじめとする保護者支援メニューを提案している。そして、この保育参加を中心とした保護者サポートシステムの実践により、非常に興味深い親子関係の変容過程を明らかにしている（**図表2**）。

　親が保育参加することは、家庭では見えなかったわが子の姿を知ることになり、さらにはわが子を含めた広い子ども理解を深めることにつながることが考えられる。つまり、わが子を他の子どもと比較するのではなく、一人ひとりのいろいろな見方や感じ方を獲得するのである。さらにこのシステムの特徴は、保育参加の後の保護者と保育者のミーティングにある。このミーティングの中で、保育者は保育のねらいを直接話題にして保護者に伝えるので、保護者は、保育者の子どもへの関わりの意

図表2 親子関係の変容過程

保護者の視野が広がるにつれて、親子関係が変化する様子を図式化。入園時、親子関係は一心同体だが、しだいにわが子を一人の人間として捉え、子どもの集団を支えようとする。

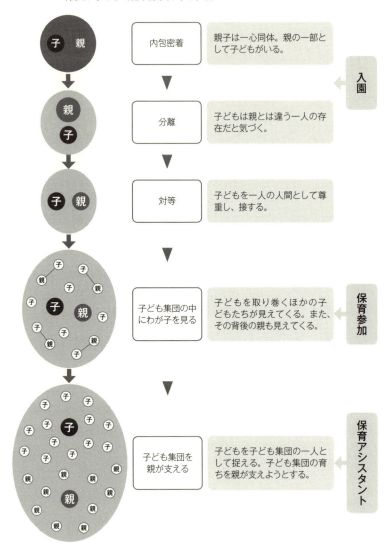

出典：[Benesse次世代育成研究所、2010] を基に作成

図を知ることができるし、子どもへの関わり方のモデルに触れることは、日常の親としての関わり方に大きな影響を与える。また、ミーティングでは保護者どうしが少数のグループで話をすることで、互いに日々の子育ての悩みを共有し合ったり、自分の子育てを振り返る機会を得ることを大切にしている。

友定はこのような取り組みを通して、園と保護者の協力関係が強まり、保護者が園の保育に関心を持ちPTA活動が活性化すること、そして園の保育に関わった保護者が、さらには地域の子育て活動に積極的に参加するようになるなど、地域の子育て力の向上につながることを報告している。

2. 在宅で子育てをする地域の家庭との連携

保育所は、保育所に在籍しない地域の親子にとっても最も身近な児童福祉施設として、乳幼児の保育に関する相談・助言に積極的に応じるという重要な役割がある。相談に当たっては、利用者の話を傾聴・受容し、利用者の自己決定を尊重することが特に重要である。

在宅で子育てする地域の家庭との連携においては、子育てに関する学びの機会を提供していくことが必要である。保護者によっては初めて利用する場合もあり、また消極的な保護者もいるので、参加しやすい雰囲気づくりや工夫が求められるだろう。また、そのような学ぶ機会の提供においては、親子でいっしょに参加し、遊びながら子どもとの関わり方を学んだり、子どもとは別々の活動機会を設け、保護者だけで話を聞いたり、他の保護者との交流の機会を準備したりすることも大切である。

さらに地域の家庭を支援するしくみとして、子育てサークル支援がある。これは子育てする保護者らによる自主的団体であり、地域子育て支援センターなどでは、このサークル活動を地域の親子の育ち合いの場と捉え、活動場所の提供、遊具の貸し出し、遊びの紹介、さらにはサークル運営などの相談に応じながら保護者の活動を支えている。サークル運

営の難しさや資金などの課題はあるものの、そのようなサークル活動の中で子育てに関する自律性を発揮する保護者の存在も報告されており、地域の人的資源を育てるという意味では、子育てサークルの支援も重要なものである。

3. 連携の意識を共有する

連携、言い換えればパートナーシップとは、そもそも何を意味するのだろうか。ゴンザレス＝メーナによれば、パートナーシップとはトップダウンではない双方向的な関わり合いであり、次の4点が必要となる。①温かく、魅力的な関係、②自己を尊重するとともに、他者を尊重すること、③パートナーシップを築く大切さを明確に伝え、そのように関わること、④上手に対応する技術を持ち、敏感で自己内省的であること [Gonzalez-Mena, 2007]。

保育の場面における家庭との連携、保護者とのパートナーシップにおいても、保育者が保護者に"教える"という一方向的な姿勢は、保護者のほうからすると抵抗感を感じる場合も少なくない。同様に、子育て支援の考え方は、親への指導・助言ではなく支援・援助・サポートであり、親の主体性を尊重しながら、共に子育てするという態勢が求められる。

無藤隆は、子育て支援の基本的考え方について、概略を次のように指摘している。

園での子育て支援とは、それを通して園のほうは家庭や地域の暮らしとのつながりを深め、保育の生活基盤を豊かにすることができる。保護者のほうは、園において子どもが育つところを感じ取り、そこから自らの子育てに何か生かせることを見いだしていく。つまり、子育て支援とは、園の保育の手空きの時間に保護者の要望に応えてお手伝いするという発想ではなく、園での保育と家庭での養育との双方が力を得るような協働関係を園と保護者との間に構築する、という発想が大切であるということである [無藤、2009]。

つまり、家庭との連携のあり方を考えるとき、保育所と家庭との両者の相互連関としての子育て支援として捉える発想が、保育士には求められる。

第3節　ペアレンティングの教育

近年、育児不安や児童虐待問題が社会問題化する中で、保護者への支援の必要性が叫ばれ、その支援の方法がさまざまに議論されている。支援の方法の一つとして、ここでは、ペアレンティングを直接教育する取り組みであるペアレント・トレーニングを紹介しよう。

1．ペアレント・トレーニング

ペアレント・トレーニングは、1960年代のアメリカで始まり、初期は知的障害や自閉症を持つ子どもの親が対象とされた。このプログラムは、親が自分の子どもに対する最良の治療者になれるという考えに基づき、親を対象に子どもの養育技術を獲得させる「親の養育行動の適正化プログラム」である。特に、問題行動を示す子どもの親を対象に、親の日常の養育行動を適正化することによって、子どもの問題行動を改善することを狙いとしている。わが国でも1990年代頃から、発達相談の場や療育センターなどにおいて、保護者を対象としたグループワークという形態をとって実践されている（例えば、[小嶋・斎藤、2003]）。

2．ペアレント・トレーニングの有用性

ペアレント・トレーニングは、障害のある子どもを持つ子どもの親が対象とされ、トレーニングプログラムが開発されてきた。例えば、注意欠陥/多動性障害（Attention Deficit/Hyperactivity Disorder、以下AD/HD）

を持つ子どもは、発達段階に不相応な多動性や衝動性、不注意ゆえに幼少期より社会的不適応になったり、学業が妨げられたりしやすい。そのため保護者の中には、子育てに強い不安を抱いたり、ささいなつまずきを甚大に捉えて自責感を強めたり、あるいは逆に子どもの行動をコントロールしようとする者もいる[田中、2007]。このような困難な子育て状況により、親子ともども抑うつ症状を来したり、虐待などに至ってしまうケースもある。

　ペアレント・トレーニングは、AD/HDを持つ子どもの保護者を対象として複数回のプログラムを実践し、参加者に家庭での実践交流やロールプレイをしてもらいながら、子どもに肯定的な注目を与えること、褒めながら子どもの行動改善を目指すことを基本とし、集団的に養育技術の習得を目指すものである。このようなプログラムに参加した母親の変化については、子育てに関する抑うつ感や、子どもへの不満や非難、厳格さ、盲従的態度などが減少するほか、プログラムの回を重ね、他の子どもの様子や他の参加者の苦労を知る中で、逆にわが子の良い面に気づいたり、自分自身の問題点を自覚するなど、自分自身の子育てのあり方について客観的な捉え直しができるようになっていくことなどが報告されている（例えば[中田、2008]）。

　ペアレンティングの教育は、近年の育児不安、家庭教育力の低下が叫ばれる現代社会においては、養育スキルの向上に直接的にアプローチできる方法として重要視されている。その実践の特徴は、少人数の話しやすい雰囲気の中で、自分の実践について話し合ったり、ときには自分の子育てのあり方を開示し、参加者どうしが互いに励まし合ったり、子育てに関するアイディアを共有したりすることにある。このような実践の場を、地域の中で継続的に提供していくことは、保護者自身の養育力や自己教育力の向上につながるものとして期待される。

【引用・参考文献】

垣内国光「21世紀の子育て支援への提言」垣内国光・櫻谷真理子編著『子育て支援の現在——豊かな子育てコミュニティーの形成をめざして』ミネルヴァ書房、2002年

小嶋理恵子・斎藤真緒「ワークショップ『ペアレントエデュケーションの理論と実際』——日本におけるParenting Educationの可能性」『立命館人間科学研究』第5号、2003年、pp.237-246

田中康雄「家族・家族会・自助グループ」『日本臨床』65（3）、日本臨床社、2007年、pp.532-537

友定啓子『保護者サポートシステム——もう一つの子育て支援』フレーベル館、2004年

中田洋二郎「AD/HDのペアレントトレーニングの実際」『小児科臨床』61（12）、日本小児医事出版社、2008年、pp.164-169

橋本真紀「保育相談支援の基本」柏女霊峰・橋本真紀編著『保育相談支援』（新・プリマーズ保育）ミネルヴァ書房、2011年

東山紘久『幼児保育とカウンセリング・マインド』ミネルヴァ書房、1995年

Benesse次世代育成研究所「特集：保護者の成長を促す園の支援とは」『これからの幼児教育を考える』2010年春号、ベネッセ次世代育成研究所、2010年

無藤隆「保育と生活の関連とは：子どもを核に置く園と家庭との連携と子育て支援」白梅学園大学『地域と子ども学』第1号、2009年、pp.43-51

J. Gonzalez-Mena, *50 Early Childhood Strategies for Working and Communicating with Diverse Families*, Pearson Education, Inc., 2007

第6章

特別な対応を要する家庭への支援

根本　治代

第1節　特別な対応を要する家庭とは

1. 家庭を支援する必要性とその意義

　今日の家庭支援には、親の養育に関わる「子育て支援」、子どもの成長・発達を援助する「子育ち支援」のほか、障害のある特別な配慮を要する家庭への「発達支援」が挙げられる。近年、保育者からは「気になる子ども」が増えてきたという訴えが多い。家族においては、地域性の希薄化による子どもどうしの遊びや生活体験などの場の減少によって、親子にとって保育所が初めての社会との関わりの場となることが多い。そこで初めて、自分の子どもが他の子どもより成長が遅かったり、発達のバランスがとれていない現状に気づくことがある。保育者はそのような子どもに気づき、子どもの発達を支援するとともに、子どもの発達に関わる家庭をも支援するというように、家庭にとってたいへん身近な専門職である。本章では、障害のある子どもを持つ、特別な配慮を要する家庭への支援について考えていきたい。

2. 家庭を取り巻くさまざまな悩み

　子どもの心の成熟は、通常の親子であれば特別に意識し指導される必要もなく、親は自分が育てられたように、また世間の常識に沿って育児を行い、その関わりを通して子どもは育っていく。しかし、障害のためにコミュニケーションをとるのが苦手な子どもの場合、わが子なのに心が通い合わないと感じ悩む親がたくさんいる。また、認知の発達に遅れがある子どもの場合、母親すらも認識することができないまま、周りも気づくことなく幼児期の半ばを過ぎてしまうこともある。その際、子どもの発達の遅れを母親の責任にされたり、母親も自分を責めたりしてし

まうことがある。その場合、まず子どもに成長の未発達な部分があり、それに対して母親が、情緒的にも技術的にも関係の作り方が分からず、子どもが母親にサインを出しても母親はそれに気づかないことがある。このように目に見える形として捉えることの困難な、特に子どもの年齢が低ければ低いほど理解が困難な知的障害などの場合、実際に必要な対策がとられないままに時を過ごしてしまうこともある。

　子どもの障害と向き合うことは、子どもをありのままに認めると同時に、障害のある子の親になった自分を認めていく作業でもある。その中には、障害のある子の親になってしまったことがどうしても認められず葛藤する親もいる。そうした親は、苦しさの矛先をわが子や周囲に向けがちとなる。その結果、社会に踏み出しづらくなり、親子間の密着が進行し、その息苦しさからなおのこと子育ての楽しさが見いだせなくなるといった悪循環が生じてくる。

　親以上に困っているのは子どもであることを理解し、障害のある子の生活が決して不幸ではないことを実感するには、親自身が子育てを一人で抱え込まずに、周囲を信じ、支援を受け入れることのできる環境が必要となる。

3.　保育者による家庭を支援する視点

　誕生したわが子を初めて親が抱いた時点では、子どもに障害があってもなくても、まだ親らしくなってはいない。子どもの衣食住の保証をする子育ての中で、しだいに親らしくなり、本当の親になっていく。保育者は、それぞれの親が本当の親へと育つ過程を支え、見守る役割がある。

　支援のあり方として、子どもの思いを受け取れない親、受け止めきれない自分自身を見直そうとしている親に、子どもの障害を強調し、その子の行動を障害の特性として説明するのみでは、親自身が子どもを理解していく過程の妨げになる。子どもは親との関わりによって、周りの物事を理解していく。つまり、親が日常生活の中で、子どもといっしょに

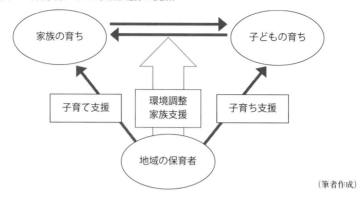

図表1　保育者による家庭支援の視点

(筆者作成)

見たり聞いたり触れたりする関わりを通して、子どもは親への安心感・信頼感を獲得していく。保育者は、親子が安心感・信頼感を通して不快や苦痛を解決するという体験の繰り返しを見守り、親子が力をつけていく過程を支援していくことが必要となる。そのうえで保育者は、①障害のある子を育てている苦労を理解し、共感し、ねぎらうこと、②障害の特性、療育の技法、しつけの原則などの情報を提供すること、を視点において支援していくことが求められる。

第2節　特別な対応を要する家庭支援の実際

1. 障害のある子どもを持つ家庭への理解

　わが子の発達の遅れや障害には、突然直面する場合と徐々に感じる場合の2通りがある。突然直面する場合には、ダウン症や脳性マヒなど先天的もしくは周産期等に生じる障害が多く、徐々に感じる場合は、子どもが育っていく過程の中で親が発達の遅れに気づく障害がある。また、

身近な保育所などから指摘される場合や、乳幼児健診でわが子の発達状態が伝えられることもある。その際、親は不安や戸惑い、「そんなはずはない」という否定的な感情で揺れ動く。いずれの場合も、子どもの障害という問題を家族がどのように受け止めていけるかが重要であり、母親一人では抱えきれるものではない。

永井洋子は、親の障害認知として、①不安と否定の時期、②抑うつ感・焦燥感・絶望感・罪悪感を強く抱く時期、③現実検討の時期、④障害の受容に向かう時期、⑤家族の再構築の時期、とに分けてそれぞれの時期における親の心理過程を説明している［永井、1988］。これらの過程を親が乗り越え、向き合っていくうえで、家庭を支える社会資源が必要であり、援助者は、親の持つさまざまなストレスが家庭にどのような影響を与えるのかを理解したうえで支援に当たらなければならない。

2. 事例

主訴：母親は、子どもに障害があるのではないかと心配している。

家族構成：父親（35歳、会社員）、母親（30歳、会社員）、A子（3歳10カ月、保育園児）、祖母（65歳）

支援の経緯：保育所でのA子は、保育士の声かけや指示を的確に受け止めることができないようで、日中硬い表情のことが多い。また、自己中心的に動き回ることが多く、全体的に幼く、人とのやりとりの不足が感じられる。自由遊びで友達への関心が乏しいことから、担当保育士が、送迎する母親に自宅でのA子の様子を聞いたところ、A子の成長に心配を感じていることが分かった。

(1) 成育歴・家族の状況

A子の世話は、3歳までほぼ祖母がしてきた。A子に愛情はかけてきたが、話しかけることも少なく、一日中A子の好きなビデオを見せていた。両親は朝早くから遅くまで仕事で、帰宅してからは家事に追われ、

A子との関わりも少なかった。A子が3歳のとき、祖母の健康状態が悪くなり、A子の世話が難しくなったため保育所に預けた。母親は同年齢の子どもの様子を見て、発達の違いを感じるようになった。

(2) 母親との面接で語られた内容
　保育所に入園する前に、保健所での3歳児検診で軽い遅れがあると言われ、療育相談に行くよう促された。しかし、祖母に任せっきりであったこれまでの子育てを責められると思い、相談には行かなかったと母親は言う。その時は、ビデオばかり見せていたせいだと思い、保育所に預ければだいじょうぶだと考えていたが、実際には入園後、他園児と比べて言葉の遅れや落ち着きがないことが分かり、やはり障害の可能性があるのではないかと心配になった。父親は相変わらず仕事に忙しく、ほとんどA子に関わることがなく、保育所の送迎から帰宅後の世話まで全て母親がしている。
　保育所ではA子の母親も、送迎時に他の母親と交流する機会があるが、わが子が他の子どもより遅れているのではという不安のため、自分から他の母親に話しかけることはない。A子のことで相談する相手もなく気持ちが落ち込むことが多くなった。最近では、多動でこだわりの強いA子に対して強く注意をすることが多くなり、そのためA子も大声で泣き、自分の頭をたたくなどかんしゃくを起こす場面が増えてきた。A子の今後のことを思うと、なんとかしなければと考えるが、どうすればいいのか分からなくて困っている。

(3) 保育所の対応と内容
　A子の保育所での生活や母親の話を踏まえ、家庭支援の必要性から、所長、保育士、嘱託医の話し合いが設けられた。夫婦、親子関係を含め、家族全体のコミュニケーションや相互交流の不足のため悪循環が生じていると判断し、家族3人が具体的なやり取りを重視していけるよう支援

方針を固めた。そこで、保育所長、A子のクラス担当の保育士、両親の4者面談を通して、母親が保育所との間でA子の情報交換をするという案を提示する。母親が子育てに参加することを、保育所、母親、A子の関係の中で加えるとともに、母親が保育所からの情報を父親に伝えることを提案する。夫婦間でA子のことを話題にすることにより、夫婦の会話や家族全体のコミュニケーションの向上を目指した取り組みを目標とした。

第3節　相談支援の展開と考察

1．保育所における相談支援の展開

　保育の場で見られる、子どもの落ち着きのなさ、排尿便の失敗、習癖など行動上の問題は、家族の関係性の問題と関連している場合がある。本事例においても、焦点を「母子関係」のみに当てるのではなく、家族全体への援助として視野に入れ、以下の点にポイントをおいて関わることが必要である。
①言葉の遅れを、子どもの発達に限定して考えるのではなく、家族内のコミュニケーションのあり方に焦点を当てる。
②母子関係に限定するのではなく、父親も含めた家族（全体）への支援を考える。
③支援の視点によっては、父親、母親のこれまでの成育歴や家庭環境まで広げて関係を捉えていく。
④発達の遅れについて、相談の場として療育機関を紹介し、ケースワーカー、心理士、保健師等と、家族を含む支援ネットワークを形成していく。

図表2　事例のエコマップ

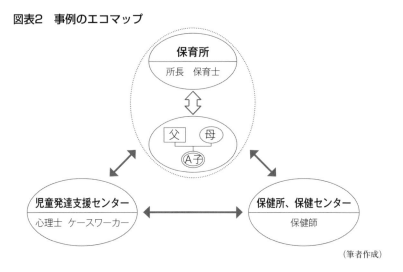

(筆者作成)

⑤家族全体に関する情報は、家族といっしょにジェノグラムを作成し、また社会資源の確認にはエコマップも作成する（**図表2**）。

2．地域の専門諸機関との連携

　乳幼児期には、障害の判明に当たって各自治体によるスクリーニング検査が行われている（**図表3**）。本事例の場合、発達の遅れがあると診断されるが、環境的要因の影響も考えられる。家庭環境の調整や、保育者とともに遊びを通してコミュニケーションを深めていくことで成長の回復を試みた。しかし、注意が必要なのは、知的な遅れの場合、家庭のしつけ等の環境的要因ではなく、脳の中枢神経の障害の場合がある。その場合は、身近な地域で早期療育が受けられる専門的施設につなげていくことが求められる。障害のある乳幼児を早期に発見し、対応の仕方を考え、発達を援助するための取り組みを展開していくことは、家族を支援するうえで重要である。

　乳幼児期の子育てにおいては、本事例のように母親一人に負担がかかりやすい。発達援助に関わる保育士には、母親が孤立しないような支援

図3　幼児健康診査の内容

健診名	健診内容
1歳6カ月児健康診査	・身体発育状況 ・栄養状態 ・脊柱及び胸郭の疾病及び異常の有無 ・皮膚の疾病の有無 ・歯及び口腔の疾病及び異常の有無 ・四肢運動障害の有無 ・精神発達の状況 ・言語障害の有無 ・予防接種の実施状況 ・育児上問題となる事項 ・その他の疾病及び異常の有無
3歳児健康診査	＜1歳6か月児健康診査の健診内容に、以下の健診内容が加わる＞ ・眼の疾病及び異常の有無 ・耳、鼻及び咽頭の疾病及び異常の有無

(筆者作成)

の工夫が求められる。保健所・保健センターなどで開催される「乳幼児教室」や「親子教室」などに母親が参加することで、専門機関への相談や親どうしの交流へとつながることができる。母親グループによる活動をはじめ、最近では父親参加の取り組みも見られる。このように親は、保育所、児童発達支援センター等の地域の専門諸機関を利用し、地域でのグループ活動に参加することで、子育てから障害に関わる各種の情報を得ることができる。このような特別な対応を要する家庭には、保育士が地域の専門機関に連絡・調整し、子の発達支援をはじめ、親の気持ちを支えるなど、家庭支援の重要な役割を担う。

3. 障害のある子どもの保育と家庭支援

　子どもに発達の障害ありと診断された場合、保育施設では、見守りだけでは親のサポートは難しく、また児童発達支援センター等の専門機関を紹介するだけでは家族と援助者との信頼関係を形成することは困難である。わが子に障害の可能性を疑い、これまで抱いていた子育てのイ

メージとの違いに、親は大きな喪失感を感じる。保育者が親に障害について話す場合は、親の不安や迷い、葛藤に寄り添って話を進めていく必要がある。本事例では、担任の保育士と保育所長が保育所全体の協力体制の下、以下の点を中心として支援を展開させていく。

①子どもの成長を、親と保育者が共有して理解する。
②保育者は、親に家庭を支援できる範囲を説明し、何ができて何ができないのかについての理解を促す。
③親に行政等の発達支援に関する事業を紹介し、他機関との協働体制をとっていく。

　これらの点を踏まえながら、障害のある子どもにとって一番信頼できる理解者は親であることを認識し、保育士が中心的に関わるのではなく、親と子どものお互いの存在が求められ、家族全体が相互交流をとれるよう側面的に関わっていかなければならない。卒園以降のライフステージを見据えて、子育ての主役は親であることを前提に支援を展開していくことが求められる。

【参考文献】
　　小澤温編『障害の理解』ミネルヴァ書房、2010年
　　永井洋子「自閉症など発達障害における家族ケア」『AIGO』501号、日本知的障害者福祉協会、1998年、pp.68-75

第7章

保護者のエンパワメント

林　幸範

第1節　エンパワメントとは何か

1. エンパワメントの広がり

　近年、社会福祉で注目を集めているのが「エンパワメント」である。
　この「エンパワメント」が社会福祉のソーシャルワークの領域で初めて使用されたのは、1976年にアメリカのソロモン（B. B. Solomon）の『黒人のエンパワーメント——抑圧されている地域社会におけるソーシャルワーク』からであるといわれている。その後欧米では1980年代に、フェミニズム、コミュニティ心理学、リハビリテーションなどのさまざまな領域で使用されるようになった。
　また、日本においても、1990年代以降に社会福祉で隆盛となり、さらにアメリカと同様に臨床心理学、社会学など広範な領域・分野で使用されるようになった。
　ところで、このエンパワメントの概念は、アメリカで1950年代から台頭した黒人運動や公民権運動など少数者の研究が源流とされ、80年代以降、人種・民族上の少数者にとどまらず、高齢者・障害者・同性愛者・貧困者層などのマイノリティの人々に対するソーシャルワークの取り組みに適用されていった。さらに、①社会・経済的な不公平に対してソーシャルワークが有効に対応できていないこと、②福祉援助モデルを医学・精神分析援助モデル（診断や医療的アプローチを重視）から脱却させることなどの問題点から拡大したといわれている。

2. エンパワメントとは

　「エンパワメント（Empowerment）」は、本来は「権利や権限を与えること」という意味の法律用語を、ソロモンがソーシャルワークの領域

に使用した。それ以降、さまざまな分野で使用されるようになり、そのために意味が拡大している。しかしながら、社会福祉のソーシャルワーカーの領域からさまざまな領域に広がった用語なので、社会福祉での意味を中心に見てみよう。

初めて使用したソロモンは、その当時のアメリカ社会では、イギリス系アメリカ人に比べてアフリカ系アメリカ人は、スティグマ（個人に非常な不名誉や屈辱を引き起こすもの）化された否定的評価や社会的な抑圧によってパワーの欠如した状態にあり、その結果として、社会的役割を遂行するうえで有用な資源を活用できない状態に陥っている社会であると分析した。そして、その状況を解消するためのソーシャルワークとしてエンパワメントの重要性を論じ、エンパワメントを「スティグマ化されている集団の構成メンバーであることによって加えられた否定的な評価によって引き起こされたパワーの欠如状態を減らすことを目指して、クライエントもしくはクライエント・システムに対応する一連の諸活動にソーシャルワーカーが関わっていく過程である」と定義した。

このソロモンの考え方を基本として、さまざまな考え方が提唱され、現在でもまだ一致した定義はない。しかしながら、「人とその人の環境との間の関係の質に焦点を当て、その人がみずからの環境を改善する力を高め、みずからの生活をみずからの決定によって創りあげていくプロセスを支援すること、ならびに、それができていくような社会のしくみを創りあげていくことをいう」［山縣・柏女、2010］、「社会福祉援助活動（ソーシャルワーク）において、利用者、利用者集団、コミュニティなどが力（パワー）を自覚して行動できるような援助を行うこと。利用者などの主体性、人権等が脅かされている状態において、心理的、社会的に支援する過程をいう」［中央法規出版編集部、2003］などが穏当と考えられる（エンパワメントの定義については［久保、1995］を参照のこと）。

3. エンパワメントの基本的な枠組み

　エンパワメントの概念にはさまざまな考え方があるが、基本的な枠組みとしては**図表1**に示したとおり、①利用者やその家族、さらにはコミュニティなどが抑圧などの問題を抱えており（人）、②その問題解決のためのプロセス（環境へ働きかけ、その環境からの要求を認知・評価し、資源を動員・活用して対処するという人と環境の交互作用のプロセス）があり、③さらに①の問題を抱えている人たちが中心となり、②のプロセスを経過することにより、その結果、人はパワーを取り戻し、それらの一連の過程ができる社会のしくみの創造にもつながっていくという過程であると考えられる。久木田純は、この3点を「①価値目標」「②プロセス」「③結果の重要性」とし、エンパワメントの三要素として提言している［久木田・渡辺、1998］。このエンパワメントの最大の特徴としては、「援助を受ける主体は利用者である」ということである。以前の福祉の考え方では、利用者は援助される者とされ、援助の方法も援助者が決め

図表1　エンパワメントとの基本枠組みの概念図

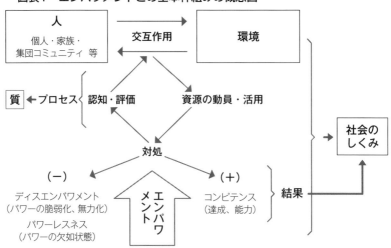

出典：［和気、1998］p.150を基に作成

ていた。しかしながら、利用者の権利擁護を基礎とし、援助を受ける主体はあくまでも「利用者」であり、援助者（ソーシャルワーカー）は利用者（クライエント）とのパートナーシップによって利用者を援助し、利用者の自立を主体的に図っていくことがエンパワメントであると言える。

　それ以外の特徴を、関屋光泰は次のようにまとめている。

①制度や社会構造との関係において人はパワーが欠如した状態におかれ、その結果、社会資源をコントロールしたり、獲得することが困難になる。
②クライエント＝ワーカー関係におけるパワーの不平等性はクライエントのエンパワーメントを阻害する恐れがあるために、両者がパワーを共有しあえる協働関係の樹立が望まれる。
③クライエントとそれを取り巻く環境の強さ（strength）が強調される。
④ワーカーの介入は、ミクロからマクロにまたがるジェネリックなアプローチが基本とされる。
⑤パワーの欠如状態を発生せしめた原因は主にマクロ的なものであるという認識から、特に資源配置上の公平性確保といった政治的パワー回復が重視される。
⑥問題解決の前提として、クライエントが変化に向けての責任をもつべきであるという視点にたつ。
　　　　　　　　　　　　　　　　　　　　　　　　　［関谷、2010/11/08］

4. エンパワメントの問題点

　このエンパワメントは、利用者主体・利用者参加を重視する考え方であり、社会福祉での新しい動向の一つとなっている。しかしながら、その問題点として、小田兼三は以下のようにまとめている。

①利用者をひな壇に祭り上げたり、ソーシャルワーカーはイエスマンに徹しなければならないのか。

②利用者の声を尊重するといっても、現実的には無理だ（どの程度尊重すればいいのか）。
③利用者や家族の希望には、わがままが多い。
④形式だけで終わるのではないか。
⑤どのようなサービスを利用するか、利用者本人の了承（事後承諾）をとればいいのか。
⑥素人には理解できないのではないか。　　　　　　　　　　[小田ほか、1999]

　しかしながら、ここで挙がったような問題点は、エンパワメントが実施される際に大なり小なり出現する問題であり、解決が可能な問題であると言えよう。

第2節　エンパワメントの実践

1. エンパワメント・アプローチとは

　エンパワメントを実践するに当たっての方法がエンパワメント・アプローチであり、ソーシャルワークのアプローチの中でも新しい動向の一つである。このエンパワメント・アプローチとは、ソーシャルワークの主体を利用者と位置づけ、利用者や利用者を取り巻く環境の持つ潜在的な強さや能力を利用者と援助者との協働作業で引き出し増強することにより、利用者のニーズや権利、目標の応答性を高めるためのアプローチである。このエンパワメント・アプローチが提唱されてから、さまざまな実践が行われているが、コックスとパーソンズは、その共通原理と方策を10項目の原理として提言した（**図表2**）。さらに、狭間香代子は、このエンパワメント・アプローチの共通的な特徴として、「①個人の持つ

図表2　エンパワメント・アプローチの共通原理と方策

①援助関係を協力、信頼、パワーの共有に基づかせる。
②共同活動を活用する。
③クライエント（利用者）による問題のとらえ方を受容する。
④クライエントの強さを確認し、それに依拠していく。
⑤階級とパワーに関する論点について、クライエントが持っている意識を高める。
⑥クライエントを変革過程に関わらせていく。
⑦特定の技能を教える。
⑧相互支援やセルフヘルプのネットワーク、もしくはグループを活用する。
⑨エンパワメントを志向する関係において、個人としてもっているパワーを実感させる。
⑩クライエントのために資源を動員したり、権利を擁護したりする。

出典：［コックス&パーソンズ、1997］を基に作成

潜在能力を信頼すること、②個人・対人関係・社会政治の各レベルの分類と各レベルにおけるパワーの獲得の提示」を挙げ、相違点としては、「①どのレベルに焦点をあてるかによるプロセスの違い、②プロセスにおける技術・技法の違い」などを挙げている［狭間、2001］。

2. 子育て期の家族エンパワメントの基本

　エンパワメントは、現在はさまざまな分野で実施されており、全てについて述べることは困難である。そこで、ここでは、保育と関連が強い家族、特に子育て期の家族へのアプローチを中心に述べる。子育て期の家族には、さまざまな生活ストレスが存在し、家族の課題は多種多様である。また、その課題の解決も、家族だけでは困難な場合が多く、そのまま放置しておくと、課題はますます深刻化していく。課題解決のためには、援助専門職が重要となってくる。

　ではこの援助専門職による家族エンパワメントはどのように実施すればよいのであろうか。家族エンパワメントの基本は、①リソース（資源）の充実、②問題解決に対する気持ちと動機、③問題解決能力の増進であり、その基本を佐々木政人が構造化したのが**図表3**である。

　家族エンパワメントの第1の目標は、リソースの充実である。家族や

図表3　子育て期における家族課題とエンパワメントの基本条件

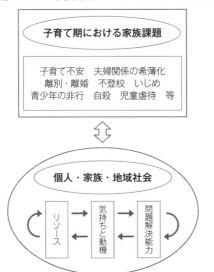

出典：[小田ほか、1999] を基に作成

地域、社会リソースがあるのかないのか、ある場合はその活用が十分であるのかなどである。ここでいうリソースとは、経済的あるいは情緒的・心理的な、アドバイス・相談などのリソースのことである。現代社会では、これらのリソースが完備していることは難しく、またあったとしても、機能しているとは言えない。そこで、このリソースを新たに地域コミュニティに構築するとともに、家族内リソースを積極的に育成することが重要になってくる。

　第2の目標は、家族の問題解決に対する気持ちと動機を高めることである。どんなにリソースが充実していても、家族内の問題を解決したいという気持ちや動機がなければ解決には至らない。本来家族は、生活を通して、つらいこと、楽しいこと、不安、喜びなどさまざまな情緒や感情を共有している。しかしながら現在の家族は、この情緒的交流の場としての機能が喪失しつつある。そこで、家族の問題解決に対する気持ちと動機を高めるために、家族を中心とした共感的な人間関係の構築が重

要となってくる。

　第3の目標は、家族が内在している問題解決能力を増進することである。第1や第2の目標を達成したとしても、問題解決能力が増進しなければ解決できない。問題を解決するためには、情報の収集とその積極的有効活用が重要である。現在、情報社会と言われているが、その反面、必要な情報はなかなか手に入らないし、どこでどのように収集したらよいかも分からない家族がいることも事実である。さらに、情報を収集しても、その情報をどのように活用するのか分からない家族もいる。さらに、問題解決能力の増進にとって、家族間のコミュニケーションも重要な要素となる。というのも、現代はコミュニケーション能力が衰退してきているといわれ、家族間内での意思の疎通がうまくいかず、情報の共有化などに問題が生ずるからである。

3. 子育て期の家族エンパワメントの実践

　先述した目標を達成するためには、ステップⅠ（家族内エンパワーメント法）では家族療法的アプローチ、ステップⅡ（家族＝家族間支援・交流エンパワメント法）ではネットワーク・アプローチ、ステップⅢ（家族の社会的・政治的エンパワメント法）ではソーシャルアクション・アプローチと、各ステップで技法が異なり、その各ステップごとに目標を達成させるためにそれらの技法を利用して実践を行う必要がある（**図表4**）。

　ステップⅠの技法としては、家族メンバー相互を肯定的に評価すること、家族が体験した過去の出来事の共有化と家族特有の感情の認知、家族メンバーの問題の相互の認識と解決法の探求などがある。

　ステップⅡの技法としては、家族間相互のリソースの視覚化・認知化やネットワークリソースの活用、家族間内の相互交流による気持ちの表出と承認、コミュニケーションスキルの向上やＳＳＴの活用などがある。

　ステップⅢの技法としては、地域コミュニティーの活用、地域の組織化などである。

図表4　家族エンパワメントの基本構造と実践ステップ

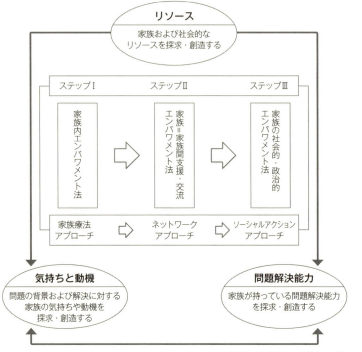

出典：［小田ほか、1999］を基に作成

第3節　ストレングスを引き出す

1．ストレングス・アプローチ

　ストレングス・アプローチは、サリーベイ（D. Saleebey）が『ソーシャルワーク実践におけるストレングス視座』（1992年）などで提唱したアプローチである。特徴としては、利用者がしていることやできていること、これからしたいことや望んでいることなどを重視し、利用者に内在する強さや回復力、潜在的可能性を引き出すということである。サ

リーベイが提唱したストレングスの意味を、狭間香代子は以下のようにまとめている［狭間、2001］。

① ストレングスは、人々が逆境にあるときに自分自身、他者、世間について学んだことを含む。
② 人々の保持する特質、特性、徳などをいう。
③ 人々が教育などを通して、獲得した知識をいう。
④ 人々が持つ才能をいう。
⑤ 文化的、個人的ストーリーや伝承などが、ストレングスの豊かな宝庫である。
⑥ 人々が持つプライドである。
⑦ コミュニティの力である。

2. ストレングスを引き出すための留意点

　ストレングスを引き出すためには、どのようにすればよいのであろうか。ストレングスは、利用者の問題点や足りない面やできない面を重視するものではない。ということは、障害児であれば障害を問題にするのではなく、その子が持っている他の能力を利用しながら、利用者のニーズを生活を通して実現していくことである。また、子どもに対してどうしてもマイナスの評価をする保護者であれば、その子の良いところを探すということも必要である。ということは、このストレングスを引き出すためには、前述したエンパワメントの技法も有効であるし、さらに協働、対話と共同、疑念の払拭なども重要である。ということは、利用者を否定するのではなく、肯定し、そのことを生活を通して引き出すことであると言えよう。

【引用・参考文献】

安梅勅江編著『根拠に基づく子育ち・子育てエンパワメント』日本小児医事出版、2009年

小田兼三・杉本敏夫・久田則夫編著『エンパワメント実践の理論と技法——これからの福祉サービスの具体的指針』中央法規出版、1999年

久木田純・渡辺文夫編『エンパワーメント——人間尊重社会の新しいパラダイム』(現代のエスプリ№376)、至文堂、1998年

久保美紀「ソーシャルワークにおけるEmpowerment概念の討論」『ソーシャルワーク研究』21、No.2、1995年

E・D・コックス、R・J・パーソンズ(小松源助監訳)『高齢者エンパワーメントの基礎』相川書房、1997年

中央法規出版編集部『新版　社会福祉用語辞典〔第8版〕』中央法規出版、2003年

狭間香代子『社会福祉の援助観』筒井書房、2001年

山縣文治・柏女霊峰編『社会福祉用語事典』ミネルヴァ書房、2010年

和気純子『高齢者を介護する家族』川島書店、1998年

関屋光泰「社会福祉士受験支援講座・教員日記」(ブログ) 2010/11/08、http://miseki.exblog.jp/

第 **8** 章

信頼関係を基本とした関わり

小口　将典

第1節　信頼される保育者になるために

　子育ての不安や悩みは、日常的な家庭生活の中で保護者と子の関わり合いや子どもの成育がもたらす新しい事態、その家庭の生活条件の変動などに大きく影響される。いずれにしても、保護者は不安や悩みを抱え、さまざまな困難に対処しながら子育てをしているが、これまでのやり方や知識ではどうにもならないような新しい困難に直面し、自分の手に負えないレベルを超えたときに相談しようと試みる。どのような相談内容であっても、保護者にとっては一種の「危機」に直面しているのであり、保育者を信頼して相談に至った意味を考えなくてはならない。そのようなときに、保護者はどのような支援を望み、どんな言葉をかけてほしいと思うのだろうか。

　よく相談支援では信頼関係の重要性が強調されるが、初めから信頼関係が形成されているわけではない。保育者は、保護者が直面している問題を媒介に意図的な関わりを通して、心理的な混乱を支え、不安を軽減し、心理的・社会的支援を可能にするような信頼関係を作る努力が絶えず求められる。自分の問題を理解してくれ、「いい保育者に会えた」「いい場所を知った」というような安心できる関係性を築き、「この人には話をしても安心だ」「相談してみよう」という信頼される関係をいかにして形成していくのかに専門職としての力量が問われてくる。信頼関係によって、相談内容の深さも支援の質も大きく変化するのである。

　ここでは、相互に対等な人間関係を作り出し、信頼される保育者になるためにどのような視点や技術が求められるのかを考えていく。

1. 保護者の気持ちの受容と相談の背景にあるもの

　まず、相談を受ける保育者は、支援を必要とする人々がどのような気

持ちで相談に訪れたのかを理解することが大切である。保護者たちは自分では手に負えないと思う問題を抱え、なんとかしたいと思い、その一歩を踏み出してくる場合が多い。自身の子育てがうまくいかなかったり、家庭内の問題としてプライバシーに関わることもあるかもしれない。どのような相談内容であっても、不安や葛藤、動揺を抱えて相談にやってくるのは、極めて人間らしい当然の気持ちであることを理解しなくてはならない。こうした保護者の思いを受け止め共感することができて初めて、保育者は、保育や福祉サービスを受けることを保護者の権利として捉え、支援を進めることができるのである。

　保護者が抱える悩みや相談の背景には、家庭内の問題、経済問題、職場のことなど、子育てを取り巻く環境や保護者自身が抱える問題が色濃く影響していることが多い。「相談ごとは表に出ている部分（主訴）とその裏側に隠されている部分を考えていく必要」があり、主訴は「ある意味相談しやすい部分」であることも留意しておく必要がある［寺井、2004］。保護者の置かれた状況、その背景を理解することによって、問題の受け止め方は大きく変わってくる。保育者はできる限り子育て家庭の実態を具体的に理解し、それらと塗り重ねながら問題を捉える視点が求められる。

　また、このような保護者の抱える悩みや生活困難は、単にその保護者や家庭が問題であるから発生しているのではなく、現代社会のさまざまな問題と相互に関係して起こっているということを根底にして捉えなくてはならない。つまり、社会問題の重層性を理解し、「単に問題を抱えてきた人」としてではなく、「社会的な問題の中で発生している問題」として向き合う姿勢が、今日の子育て家庭を取り巻く社会問題に取り組むということであり、保護者を現代の複雑な社会を生きる一人の人間として尊重することにつながるのである。

2. 共感的な理解を深める傾聴の姿勢

　保育場面において相談は、相談室に限らず、毎日の送り迎えの時間や、保護者会、家庭訪問、突然まじめな相談を個人的に持ちかけられることなどさまざまな形で行われる。いずれの場合においても、「なぜ今日」、「ここで」相談を求めたのかを初めに聞くことにより、相談の入り口から内容を深めることができる。相談のきっかけを知ることは、同時にその問題にこれまでどのように対処してきたのかを知るという意味で、もう一段深く問題を把握することができる。直接問題となっていることが、最初はどのようにして始まり、それに対して保護者本人や家族はどう対処してきたのか、相談に来るまでに誰の力を借りていたのか、その一つ一つを知ることが、主訴の背景を理解することにつながる。

　また、多くの問題や不安を抱えての相談の場合、うまくいかない現状、家庭内の不安や動揺、葛藤などを初めに語って伝えたいというのが普通である。これまで向き合ってきた一番つらい現状や伝えたい心情に共感してもらい、それらを聞いてもらうことにより、「この人に相談できて良かった」という安心感を抱いて話を進めることができるのである。

　このような相談に至るまでのつらさや努力を認めていく中で、保育者はさらに、保護者ができるだけ自分の言葉で、自分の問題を表現できるように支援することが求められる。通常、相談の事柄や状況をその重要性などを含めてなんとかして伝えようとするが、適切な言葉が見つからず、的確に訴えることができないという場合が多い。自己表現を助ける役割を担いながら、共通の分かりやすい言葉で「こういう問題で悩んでいるのですね」と確認することが必要であり、問題を明確に提示することが、自身の思いが相手に伝わっているのだということを実感することにつながる。保育者は保護者の気持ちに寄り添い、その身になって思いを受け止めることにより、保護者に「真剣に耳を傾けて聞いてもらい、理解してもらった」という経験を抱いてもらうことが重要なのである。

図表1　傾聴の技法

促しの技術	相づちをうったり、適切な質問により利用者の話を促す。
感情の反射	利用者が表現した感情を、適切な表現を用いて相手に返す。
明確化	利用者の話の内容を理解するために、不明な部分、相手が言いたいと思われることを明確な言葉で返す。
繰り返しの技術	利用者の言葉の一部分、もしくは全部を繰り返す。
要約	利用者が話した情報を再確認するために、援助者がまとめて返す。
沈黙の技法	利用者に考える時間を持たせ、黙って言葉を待つ。
対決の技法	利用者の言動等の非一貫性を指摘する。
質問	利用者に合わせて尋ねる。「はい・いいえ」で回答できる「閉ざされた質問」や、自由に答える「開かれた質問」がある。

出典：[藤園、2008] を基に作成

　このような、傾聴の姿勢は、信頼関係を深めると同時に、効果的な支援に結びつける技術として身につけておかなくてはならない。**図表1**に代表的な傾聴の技法を示したので覚えておこう。

　しかし、こうした傾聴の技術を駆使しても、共感を持って話を聞くことは容易なことではない。保育者がいくら受容し共感を持って聞いたと思っていても、それが保護者の側に伝わっていなければ意味はないのである。したがって、保育者は、自身の態度や言動が相手にどのように伝わり理解されているのかに、常に敏感でなくてはならない。精神的・社会的重圧に苦しんでいる人たちと共感的な理解を深め、できるだけ生活を具体的に把握できるような、十分な知識と基本的コミュニケーションの力を身につけなくてはならない。

　相談では、安易な励ましや安請け合い、表面的な慰めは決してしてはならず、相手を尊重しながら適切な言葉を使って話しかけることが必要である。相談支援の専門職には、相手の感情の動きや、微妙な関係性を表す言葉を蓄え、それを増やし続けていく努力が日頃から求められる。相談に来た人の感情を理解し、それを理解したということを相手に上手に伝えることができたとき、信頼され、相談が深まっていくのである。

3. 専門的援助関係の確立に向けての原理・原則

　相談支援は、相談に来た人が困っている問題を話し、それに合う社会資源や方法を伝えればよいという単純なものではない。つまり、良い答えを伝えることが相談支援なのではなく、現在抱えている問題や課題を、本人が主体的に自らの力で乗り越えていくように支えていくという立場に立ち、相談支援の一連のプロセス自体が強力な支援活動であるということを認識しなくてはならない。このような価値や原則、基本的視点を踏まえて、支援を展開する力量が問われる。専門的支援関係の基本原則として、アメリカのバイステックが1957年に『ケースワークの原則』という著書で提唱した「バイステックの7原則」が最もよく知られている（p.57参照）。

　この原則に基づきながら、さらに、結城俊哉は相談過程における援助者の役割として、①安心を送る役割（余裕の回復・再生）、②自己表現を助ける役割（利用者が自分の言葉で、自分の問題を表現する）、③正確な情報を提供する役割、④課題を作り変える役割（利用者が直面している課題を本人の力量に見合ったサイズに分割化し、ステップを踏み出すように問題解決の方向性を見いだす）、⑤利用者を取り巻く人間関係のゆがみを理解し調整する役割（問題の背景には人間関係のゆがみがあるかもしれない）、⑥他職種と連携し協働する役割（他職種と連携して支援のネットワークを作る）、⑦自己理解が必要な役割（自己覚知）の7点を提起している［結城、1997］。

　信頼される保育者になるために、あるいは相談を持ちかけられたときには信頼関係をいかにして構築すべきなのか。こうした支援の原理・原則に基づいた確かな知識と技術が基盤にあってこそ、利用者との関係性を深めた相談支援を可能としていくのである。

第2節　情報の提供と情報の共有

1. 情報を取り扱う専門職としての社会的責任と倫理

　相談支援を担う者は、社会的責任の明確な自覚と、それを具体的に実現していく倫理的な行動が常に必要であることを理解しておかなくてはならない。倫理とは、物事を判断・実行する際の支えとなるべき考え方や基準をいい、専門職にはその倫理（価値）の遵守が強く求められる。詳細な保育士の職業倫理については次の第3節で述べるが、窪田暁子は、「日常生活や生き方に関わる領域の問題の相談に乗ったり、具体的な援助を提供する場に援助者として入っていく人間には、高い倫理性が求められる」のであり、そのためには、「援助者が十分な教育と訓練に裏付けられた自信を持ち、また社会的に十分な評価を受けて安定した仕事をしていることが基本的に大切なのである」と、支援における社会的責任と倫理を持ち、それを強化し続ける力を養うことの必要性を述べている[窪田、2006]。

　そのため、利用者のプライベートな側面に関わる相談支援では、プライバシーの保護や、個人情報に関する守秘義務を厳守することが、社会的信頼に応える意味を含めても重要である。これは、仕事を辞めてからも守らなくてはならない。保育者の中に倫理的基盤が存在していなければ、全ての知識・技術、社会的信用、これまで築き上げた信頼関係も一瞬にして崩壊してしまうのである。

　しかし、実際の相談支援の現場では、記録の記載方法や機関どうしの連携における情報の共有において、知り得た情報の取り扱いに苦慮することが多い。保育士には守秘義務が課せられているが、2005年には個人情報の保護に関する法律が施行され、個人情報の取り扱いにはこれまで

以上に厳格な配慮が求められるようになってきている。

2. 情報を提供し共有するまでの留意点

　相談支援の内容は多岐にわたる。ふだんでは想像もしないようなケースが突然舞い込むこともあり、ときには急な対応が求められることもある。刻々と変化する福祉制度の知識や情報は不可欠であり、さらに生活問題のさまざまな局面に関する幅広い教養をふだんから身につけておくことが求められる。また、利用者への情報の提供や説明に当たっては、専門用語ではなく保護者の分かる言葉で伝えなくてはならない。そのために、ふだんから「日常の言葉」で対象の問題を考えることも必要である。日々の支援者としてのこのような積み重ねが、情報の交換を利用者と的確に行うことを可能にするのである。

　これらを踏まえ、相談が始まり、情報を共有するに当たっては、留意しなければならないことがいくつかある。

　第1に、利用者には安心して相談できる環境と援助者の態度が提供されなければならない。さまざまな背景から相談に至る中で、「ここは安心」「ここで話したことの秘密は守られる」「ここでは承諾なしに物事を進めたりしない」ということが、言葉で説明されるだけではなく、雰囲気や態度としても相手に伝わらなくてはならない。そのための、相談を受ける場所や環境を含めた配慮などが求められる。

　第2に、「この相談をどういう立場で聞いているのか」について認識しておく必要がある。相談に来た人が、何を求め、何を期待してここに来ているのかを把握できるように、相談体制を日頃から整えることも必要である。また、他機関と連携を進める場合においても、本人の了解を得なければならない。社会福祉や保育サービスを利用しているのは利用者本人であり、関係者が相互に本人の了解なしにケースを処理して進めていくことが決してあってはならない。

　第3に、相談を受けたこと自体の情報をどうするかという確認も必要

である。周囲に秘密にしているのであれば、今後はどうしていくのか。もし、問題が起こったときなどには、家族や周囲にどのように伝えればよいのかを明確にしておかなくてはならない。たとえ家族に対してであっても、基本的には個人の秘密を開示してはならない。また、母親が相談に来た場合も、帰ってから夫婦でどういう話し合いになるのかを推察し、共に考えておくことも必要だろう。相談を受けたことを上司などに相談し報告する場合においても同様に、利用者本人への説明を基本的には行うべきである。

このように、保護者には自身の情報がどのような理由で、どのように扱われているのかが把握できるように配慮し、本人の了解なしに情報を共有しケースを進めるようなことが決してあってはならない。

3. 記録の取り扱いと情報管理の重要性

日々の保育や支援活動において、記録は重要な意味を持つ。他の保育者と正確な情報を共有することが、適切な支援につながっていく。そのために、支援過程のデータを記録として明文化し、蓄積していく必要がある。保育所などでは、こうした子どもに関する情報などが保管されており、それら全ての情報は守秘義務の対象となる。情報には、持ち出し禁止のものや、鍵のかかる場所で管理するものもある。

また、こうした記録を活用しての連絡会議などで他機関から担当者が集まる場合や、ケース会、事例研究などの情報交換においても、個人情報は慎重に取り扱わなくてはならない。利用者本人の了解を得ることを基本とし、名前などを消して個人が特定できないよう配慮し、場合によっては配布した資料を回収する場合もある。書類の処理にはシュレッダーを使用するなどの配慮も必要であろう。

いずれにしても、各機関において決められている個人情報の取り扱いの規定やルールを厳守し、常に守秘義務があることを意識した行動が求められる。特に近年では、こうした情報管理にもコンピュータが使用さ

れることが多くなってきていることからも、個人情報が外部に流出しないためのいっそうの配慮と、情報を適切に扱う能力を身に着けていく必要がある。

4. 情報のタイミングを見極める専門性

　実際に相談支援を進めていく中では、社会資源や問題への対処の方法をただ並べるのではなく、適切な時期に伝えなくてはならない。援助者の持っている関連した情報を、できるだけ早く、多く伝えればよいわけではない。多くの情報を提供しても、逆に混乱させてしまうこともあるかもしれない。情報の提供は、相談に来た本人が自身の課題に取り組む過程の中で、適切な時期に伝えることが必要である。相談を受けながら援助者は、頭の中でどのような支援を進めていこうかイメージしながら、適切な時期とタイミングを見計らわなくてはならない。それを見分けるのが相談支援の専門性であるとも言えよう。

　また、情報を知るうえでも適切な時期がある。利用者のプライベートな部分に立ち合う相談支援では、本人の許可なしには入ることのできない領域がある。初めから保護者の情報をいろいろと聴き出そうとしてはいけない。理論的に介入が必要であっても、家庭の内情や過去などには踏み込んではならない。相手が伝えておく必要があると思うまでは、踏み込んではいけない領域があることを認識し、相手を尊重しながらそのような時期を作り出し、待つことも、情報の共有においては重要な視点の一つである。

第3節　保育士の職業倫理

1. 求められる職業倫理

　保育士が専門職の一員である以上、その職務を行うには高い倫理性が常に求められる。先に述べたプライバシーの保護、個人情報に関する守秘義務とともに、人権の尊重、利用者の利益の尊重などが専門職の綱領として明記されている。保育士の専門性は、倫理に裏づけられてこそ実効性を持つのであり、社会的信頼とその水準を維持・向上していくためにも遵守しなくてはならない。

　保育士が備えるべき倫理を、全国保育協会・全国保育士会が「全国保育士会倫理綱領」として定めている（**図表2**）。保育士はこの倫理を行動規範として、子どもへの保育、保護者への相談支援などを行う必要がある。

2. 専門職としての倫理を伸ばすために

　子育てが複雑化し、保育所に求められるニーズが多様化する中で、子どもの最善の利益を考え、その成長を支えるという保育固有の理念を持ちながらも、その実践においてはソーシャルワークの視点と技術が求められるようになってきた。地域の子育て支援の中心的な役割を担う保育所は、今後も多様な問題と向き合わなくてはならない。

　一人の保育者で問題を受けて対応するのではなく、同じ仕事をしている者どうしの相互支援、ケースの検討などを通して、お互いに支え合いながら支援をしていく。また、保育士の限界も理解しておかなくてはならないであろう。「一人で相談を背負い込まないという仕事の仕方の中にも、専門職として相談を受けるときの倫理を守る手立てもまた保障されている」[窪田、2006]のである。

図表2　全国保育士会倫理綱領

　すべての子どもは、豊かな愛情のなかで心身ともに健やかに育てられ、自ら伸びていく無限の可能性を持っています。
　私たちは、子どもが現在(いま)を幸せに生活し、未来(あす)を生きる力を育てる保育の仕事に誇りと責任をもって、自らの人間性と専門性の向上に努め、一人ひとりの子どもを心から尊重し、次のことを行います。
　私たちは、子どもの育ちを支えます。
　私たちは、保護者の子育てを支えます。
　私たちは、子どもと子育てにやさしい社会をつくります。

(子どもの最善の利益の尊重)
 1. 私たちは、一人ひとりの子どもの最善の利益を第一に考え、保育を通してその福祉を積極的に増進するよう努めます。
(子どもの発達保障)
 2. 私たちは、養護と教育が一体となった保育を通して、一人ひとりの子どもが心身ともに健康、安全で情緒の安定した生活ができる環境を用意し、生きる喜びと力を育むことを基本として、その健やかな育ちを支えます。
(保護者との協力)
 3. 私たちは、子どもと保護者のおかれた状況や意向を受けとめ、保護者とより良い協力関係を築きながら、子どもの育ちや子育てを支えます。
(プライバシーの保護)
 4. 私たちは、一人ひとりのプライバシーを保護するため、保育を通して知り得た個人の情報や秘密を守ります。
(チームワークと自己評価)
 5. 私たちは、職場におけるチームワークや、関係する他の専門機関との連携を大切にします。また、自らの行う保育について、常に子どもの視点に立って自己評価を行い、保育の質の向上を図ります。
(利用者の代弁)
 6. 私たちは、日々の保育や子育て支援の活動を通して子どものニーズを受けとめ、子どもの立場に立ってそれを代弁します。また、子育てをしているすべての保護者のニーズを受けとめ、それを代弁していくことも重要な役割と考え、行動します。
(地域の子育て支援)
 7. 私たちは、地域の人々や関係機関とともに子育てを支援し、そのネットワークにより、地域で子どもを育てる環境づくりに努めます。
(専門職としての責務)
 8. 私たちは、研修や自己研鑽を通して、常に自らの人間性と専門性の向上に努め、専門職としての責務を果たします。

これまでの保育実践において確立してきた英知に合わせ、さらにソーシャルワークの視点を学び、その技術を活用することで、信頼関係を基盤とした関わりが深まり、支援を可能とする。そのために、生活を具体的に理解する視点を持つこと、および支援関係の構造を十分に理解し、基本的なコミュニケーションの技能を高め、専門的支援関係を作り維持する力が必要である。しかし、どんなに知識や技術、ソーシャルワークの技術を学んでも、良い支援者にはなれない。倫理性に裏づけられた保育者としての価値を併せ持ち、ときに疲れたり迷ったり落ち込んだりするときにも、互いに支え合い、分かり合える仲間がいることが保育者の仕事を安定させる。そのためにも、保護者の相談支援を担う自分を作り出し育てていくようお互いに支え合い、スーパービジョンを活用し記録を整理する労力を惜しまない日々の積み重ねが、信頼される保育者になるための一歩であると言えよう。

【参考文献】
　　上野恭裕編著『プロとしての保育者論』保育出版社、2011年
　　岡村正幸『はじめての相談理論』かもがわ出版、2001年
　　小口将典「ソーシャルワーク実践における家族への臨床的面接——生活課題への対処行動に着目して」『愛知淑徳大学論集福祉貢献学部篇』第1号、2011年、pp.29-37
　　窪田暁子「相談活動の理論と実践」窪田暁子・市川恵美子・玉井邦夫『ていねいな相談援助とは』文理閣、2006年、pp.11-34
　　鶴宏史『保育ソーシャルワーク論——社会福祉専門職としてのアイデンティティ』あいり出版、2009年
　　寺井文平「保育における親理解」寺見陽子編著『子ども理解と援助——子ども・親とのかかわりと相談・助言の実際』保育出版社、2004年、pp.42-47

西尾祐吾・橘高道泰・熊谷忠和『ソーシャルワークの固有性を問う——その日本的展開を目指して』晃洋書房、2005年
藤園秀信編著『相談支援員ハンドブック2008』日総研出版、2008年
結城俊哉「援助のための生活論」植田章・岡村正幸・結城俊哉編著『社会福祉方法原論』法律文化社、1997年、pp.122-140

第 **9** 章

社会資源の活用と関係機関

森合　真一
武田　英樹

第1節　社会資源・関係機関とは何か

1. 子育て家庭における地域とは

　私たちは住み慣れた地域において、安寧な生活を営んでいくために多くの資源を活用している。むしろ、自分の地域にある資源に関する情報を一つでも多く入手し、うまく活用することができれば、QOLの向上につながると言える。では、地域とは何を指すのであろうか。私たちは、地域社会や地域住民、地域貢献など、なにげなく地域という言葉を使っている。しかし、この地域という言葉に明確な定義があるわけではない。地域という言葉は、使用される視点や目的によって、その範囲が異なる。

　例えば、地域福祉計画といった場合の範囲は「市町村」となるであろうし、中学校区、小学校区といった校区割りで地域の範囲を区切ることもある。地縁的な意味合いでは、自治会レベルといった範囲であろうか。ただ、どれにも共通することは、対象となる人たちの生活圏の範囲を想定しているということである。例えば、東京に住んでいて北海道を「私の地域」とは表現しないし、想定もしないであろう。

　子育て支援といった場合、まず想定する必要があるのは、私たちの生活圏のことである。同じ町内で生活している子育て家庭、散歩すれば出会う小・中学生、同じ市内に住む子育て家庭などに意識を向けていく必要がある。コミュニティが希薄化しているのは、誰もが感じていることである。誰が決めたわけでもなく、視界に入った子どもに意識を向け、声をかけていた頃の地域を再構築することは困難かもしれない。しかし、家庭の解決能力を超える子育てに関わる問題が起こる中、専門機関や専門職によって、希薄化した地域の社会資源を意図的な取り組みで強化し、補うことが求められている。

2. 社会資源とは

　武川正吾によると、資源とは「人間が必要とする客体、あるいは、それを獲得するための手段」であり、「有体物であっても無体物であっても構わないし、モノであってもサービスであっても構わない。また、モノやサービスを購入するための貨幣であっても構わない」としている[武川、2009]。

　社会資源は、フォーマルな社会資源とインフォーマルな社会資源に分類して表すことができる（**図表1**）。例えば、フォーマルな社会資源としては、行政、企業、各種法人、団体や組織などがあり、インフォーマルな社会資源は、家族、親戚、友人・同僚、地縁組織、ボランティアなどがある。ただし、その境界線は必ずしも明確ではない。両者にはそれぞれ利点と欠点がある。フォーマルな社会資源は「画一的なサービスなり

図表1　社会資源の構造

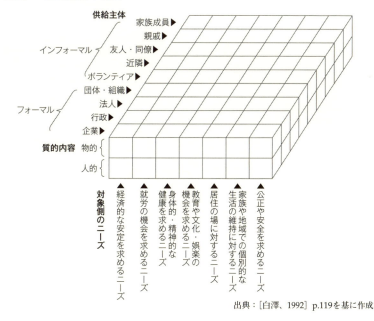

出典：[白澤、1992] p.119を基に作成

第9章●社会資源の活用と関係機関

やすいというきらいがあるが、行政のサービスについては最低限のサービス保障ができる」一方で、インフォーマルな社会資源は「柔軟な対応が可能であるが、専門性が低く、安定した供給には難がある」［白澤、2007］といったところである。

　一般に、公的サービスとして提供されるものとして、フォーマルな社会資源に意識が向けられがちである。しかし、人の生活はとぎれなく続いている。人の生活にポイント的に提供されるフォーマルな社会資源だけで生活が成り立つわけではない。多くの場合、フォーマルなサービスの間をインフォーマルなサービスがつなぎ、利用者の生活を成り立たせている。さらには利用者自身が持っている内的資源として能力や意欲、資産などを評価し、有効に活用していくことも重要な視点である。

　また、利用者のさまざまなニーズに対して、物的あるいは人的な資源として利用されるわけであるが、保育サービス等は人を介して提供されるものが多い。よって、人的な資源の専門性は常に問われる。

3．関係機関とは

　子育て家庭の関係機関としては、児童相談所、保健センター、福祉事務所、社会福祉協議会、保育所、幼稚園、学校、教育委員会、病院、地域子育て支援センター、自治会、民生委員、児童委員、主任児童委員、その他の児童福祉施設などの専門機関、施設および支援者（以下、これらを総称して「専門機関」という）が挙げられる。これらの専門機関は、多くの公的サービスに直接的に関わることが多い。ただし、それぞれの専門機関が単独にサービスを提供しているとしても、それのみをもって子育て家庭の生活が支えられているわけではない。円滑な支援では、その周辺で多くの専門機関が関与し、各々の専門分野における責任と役割を分担している。

　しかし、縦割り組織、個人情報保護の観点、あるいは各々が専門機関の役割を理解できていない、専門機関の存在を知らないことで、子ども

や保護者たちの支援に不都合が生じていることも確かである。

　子育て家庭を取り巻く問題は複雑多様化している。近年、子どもが、被害者としても加害者としても、悲劇的な事件の報道が繰り返されている。その度に地域は大騒ぎとなる。その結末としては、当事者たちの孤立や排除、地域の希薄化の進行という経過が危惧されないだろうか。

　そもそも地域は、危機的状況において機能するものである。危機的状況に陥ったことで強化されるのでは手遅れである。特に専門機関は、意図的に関係機関を意識し、継続的に関係性の構築を図っておくことが求められる。専門機関は、子育て家庭の生活環境を円滑なものにするための連携・協働によるネットワークを構築できている状況において初めて、関係・専門機関として機能すると言える。

第2節　保育所を中心とした地域ネットワーク

1. ネットワークとは

(1) 自己決定を尊重

　家庭内の問題（虐待、DVなど）や経済的問題を解決しないと、自己決定が難しいことがある。しかし、保護者には「自分のことは自分で決めたい」という心情があり、そのため、相談援助では保護者が自分で決めることのできるように働きかけることが求められ、保護者が自己決定できるよう環境を整える。そして、保育所における保育士の役割は、保護者や子どもが自分で決めた内容をいっしょに確認し、その実現を支援することである。そのためには、本人がどの程度のことを決めたいと思い、決めることができるのか、また、自分で決めるためにはどのような支援が必要なのかということについて、地域における社会資源を活用しての

専門職者によるアセスメント（問題の分析）が求められる。

　さらに、自己決定の支援をするときに関係する援助機関は、考えられる選択肢に関し、それを選んだ場合のリスクなどについて保護者とともに考えなければならない。

(2) ネットワークの種類

　地域におけるネットワークを活用し、個人、家族、集団、地域などさまざまなレベルで支援をすることは、保育所においても盛んになりつつあり、子育てをしている親たちが自発的に作り上げた子育てネットワークや、子育て支援者どうしのつながりである子育て支援ネットワーク、市町村を含む地方公共団体に要保護児童の状況の把握や情報交換を行うために法制化されている要保護児童対策地域協議会、さらに隣接領域では学校や警察あるいは障害者自立支援協議会が中心となって、子どもと家族を支援するためのネットワークが形成されている。

　このように、他の領域と異なる経緯と制度的環境の中でネットワークが作られており、保育士は、その特徴を理解しておかなければならない。

2. 社会資源を活用し、利用者と取り組む

　保育士は、保護者や子どもにできそうなことを見極め、社会資源の活用を促していくことも大切である。社会資源の活用を促すときには、社会資源に関する情報提供を行い、自分自身で社会資源にアクセスするよう励まし、利用者が社会資源を上手に活用できるように支援をする。それは、困ったときに自分で社会資源を活用できるという自信につながる。

　保育士は、「代わりにやってあげよう」、「決めてあげよう」、「守ってあげよう」などと考えるのではなく、保護者や子どもが自分でできることは本人に任せて見守る。利用者ができないところはいっしょに取り組み、徐々に自分の力で課題の解決ができるように支援をしていくことが求められる。

3. ネットワークを構築する

　自分の施設だけで問題を解決しようとせず、問題の解決に直接関係があるか否かにかかわらず、地域における社会資源の協力を得ながら、ふだんから連携可能な援助機関、保護者や子どもを取り巻く人たちの関係作りをすることが求められる。保護者や子どもが他の社会資源にアクセスをするときは、保育所などの児童福祉施設も社会資源と連絡を取り、その後の保護者や子どもと社会資源の関係や活用状況を把握することが求められる。

　さらに、地域における独自の社会資源、例えばボランティアグループや土着のネットワーク（小さな集落や自治単位における屋根葺き等の労力を提供し合う共同労働の形態の「結(ゆい)」や、同一の信仰を持つ人々による結社である「講(こう)」など）についての情報を得ることも必要である。

　専門職者だけで支援をしていくのではなく、子どもの家族や近隣住民が協力する機会を設け、そのようなプロセスを経てインフォーマルネットワーク（既存の制度ではない親族や住民のネットワーク）が形成される。

　インフォーマルネットワークは、フォーマルネットワーク（行政や福祉関係機関などにより制度として作られたネットワーク）と関連づけられることが求められる。そのようなネットワークがあることは、問題の解決に役立ち、問題の再発を防ぎ、「転ばぬ先の杖」となって問題を芽のうちに摘むという効果がある。

第3節　関係機関との連携・協働

1．連携と協働

　近年、子育て家庭が抱えるニーズは複雑多様化している。その一方で、福祉制度や、サービスも多様化し、子育て家庭のみで自身の問題点を分析し、自分に合ったサービスを見つけ出すことは困難だと言える。

　また、子育て家庭を支援する側も、単独での対応は好ましい対応とは言いがたい。例えば、障害を持った子どもや医療的処置が必要な子ども、貧困問題、地域での孤立化の問題などについては、それぞれの分野にたけた専門機関との連携・協働が欠かせない。

　このような状況下において、一人の専門的力量に頼るのはむしろ無責任な判断であり、できるだけ多くの専門職や関係機関との連携・協働による支援体制の構築が、有益な支援の方向性を導き出すと言える。

　保育所保育指針第6章の「3．地域における子育て支援」には、次のように明記されている。

（1）保育所は、……その行う保育に支障がない限りにおいて、地域の実情や当該保育所の体制等を踏まえ、次に掲げるような地域の保護者等に対する子育て支援を積極的に行うよう努めること。
　　ア　地域の子育ての拠点としての機能
　　（ア）子育て家庭への保育所機能の開放（施設及び設備の開放、体験保育等）
　　（イ）子育て等に関する相談や援助の実施
　　（ウ）子育て家庭の交流の場の提供及び交流の促進
　　（エ）地域の子育て支援に関する情報の提供

イ　一時保育
(2) 市町村の支援を得て、地域の関係機関、団体等との積極的な連携及び協力を図るとともに、子育て支援に関わる地域の人材の積極的な活用を図るよう努めること。
(3) 地域の要保護児童への対応など、地域の子どもをめぐる諸課題に対し、要保護児童対策地域協議会など関係機関等と連携、協力して取り組むよう努めること。

　そのほか、第4章の「1　保育の計画」でも、「家庭や関係機関と連携した支援のための計画を個別に作成するなど適切な対応を図ること」「専門機関との連携を図り、必要に応じて助言等を得ること」「小学校との連携」、「家庭及び地域社会と連携して保育が展開される」「家庭や地域の機関及び団体の協力を得て、地域の自然、人材、行事、施設等の資源を積極的に活用し、豊かな生活体験をはじめ保育内容の充実が図られるよう配慮すること」といった関係機関との連携を強調している。
　連携・協働を促進していくには、ネットワークの構築が重要となる。注意しなければならないのは、このネットワークが個々の専門職内に収まってしまうこと、あるいはネットワーク構築に向けた取り組みが個人の専門的力量のみに預けられてしまうことである。これでは、出会う専門職によって、その後に活用される社会資源の質や量に格差が生じてしまう。機関外との連携・協働だけでなく、機関内での連携・協働体制の構築も重視していく必要がある。各分野で専門分野化が進む中、専売特許のように情報を独占化することが利用者の不利益とならないように注意する必要がある。これは「チーム構成員がそれぞれに分担された役割を遂行するための能力だけでなく、チームという集団を機能させるための能力が必要」ということである［菊地、2009］。
　福山和女は協働体制について「ソーシャルワーク実践現場で、施設・機関内および外で、部門・専門職・機関間で複数の専門職がチームを形

成し、利用者本人や家族とともに、援助・支援という特定の目的に向かい、方針を計画する作業に参画し、それぞれの責任、役割、機能を果たし、設定したそれぞれの目標を達成するためのチームとしてのアウトカムを生むプロセスである」と述べている［福山、2009］。

2. 社会資源とソーシャルワーク

図表2は社会資源とソーシャルワークの関係を表したものである。相談援助に携わる者は、チームで要援助者に関わる。援助を展開するに当たり活用される社会資源は、人的資源であればチームの一員でもある。

図表2　社会資源とソーシャルワークの関係図

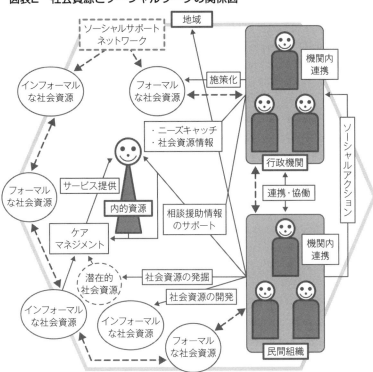

出典：［武田、2011］p.108を基に作成

要援助者を取り巻く地域のフォーマルな社会資源、インフォーマルな社会資源がソーシャルサポート・ネットワークを形成する。ネットワークには行政機関も民間組織も同様にチームの一員となり、連携・協働体制を構築していくことが必要である。例えば、「私たちは行政にさまざまな要求をしている。それを実現しないのは行政が悪い」といった行政批判に偏る民間組織と、それを圧力団体や要求団体と捉え距離をとる行政機関との間から生み出されるのは、チームワークではなく軋轢である。官民の連携が構築されれば現場の課題が円滑に抽出され、地域のニーズに即した政策が立案され、具体的なサービスとして社会資源の増加につながる。

　また、他機関・他職種との連携・協働によるネットワークの構築は情報の共有化につながり、社会資源の発掘や開発にも役立つことになる。関係機関のネットワークにおいて重要なのは、つながっているパイプだけでなく、そのパイプを行き来する内容物の質が重要なのである。顔見知りの関係だけでなく、お互いが相手の専門性と役割を理解し、子育て家庭の最大限の利益を目指して責任を果たす、お互いの責任が果たせるようにサポートするといった関係性の構築が重要である。

　社会福祉基礎構造改革以降、措置制度から選択利用制度へと社会福祉における制度設計が変化している。このような中、子育て家庭のニーズも複雑多様化し、それぞれのニーズに合ったサービスへとつなげていくうえでケアマネジメントの必要性が高まっている。ケアマネジメントとはすなわち、サービス利用者のニーズを適格にアセスメントし、必要な情報を提供していくとともに、必要な社会資源につなげていく環境を整備していくということである。しかし、注意しなければならないのは、ケアマネジメントする範囲は公的サービスに限られないということである。地域の子育てボランティアや母親で作る子育てサークルなどインフォーマルな社会資源にも視野を向けることを忘れてはならない。

【引用・参考文献】

菊地和則「協働・連携のためのスキルとしてのチームアプローチ」『ソーシャルワーク研究』Vol.34 No.4、相川書房、2009年、pp.17-23

白澤政和『ケースマネージメントの理論と実践』中央法規出版、1992年

白澤政和「社会資源の利用と開発」古川孝順・岡本民夫・宮田和明・濱野一郎・田端光美編著『エンサイクロペディア社会福祉学』中央法規出版、2007年、pp.432-435

高橋重宏・山縣文治・才村純編『子ども家庭福祉とソーシャルワーク（第3版）』有斐閣、2007年

武川正吾『社会政策の社会学――ネオリベラリズムの彼方へ』ミネルヴァ書房、2009年

武田英樹「社会資源の活用、調整開発」安田誠人・立花直樹編『保育における相談援助・相談支援』晃洋書房、2011年、pp.102-110

福山和女「ソーシャルワークにおける協働とその技法」『ソーシャルワーク研究』Vol.34 No.4、相川書房、2009年、pp.6-16

牧里毎治・山野則子編著『児童福祉の地域ネットワーク』相川書房、2009年

第10章

要保護児童の家庭に対する支援

福永　博文

第1節　要保護児童家庭への支援の展開

1．危機介入が必要な家庭と児童への支援

(1) 虐待、あるいは虐待の疑いのある家庭とその児童への支援

　虐待は、児童の生命の危険性、あるいは「心の傷」としての後遺症が残り、後の人格形成に大きな影響を与えることから、これらの被害を受けている児童に対しては、関係機関の連携による危機介入が必要である。

　ジーン・レンボイツ（J. Renvoize）はその著書の中で、「この種の悲劇を将来避けるための唯一の方法は、全ての関係諸機関の間の連絡調整を全面的に改善することしかない」と述べている［レンボイツ、1977］。これは、児童と家庭の状況を一貫して掌握できるチームの編成と、その構成員の合議制の必要性を意味していると考えられる。

(2) 児童の問題のために保護者が不安定になっている家庭への支援

　これは、保護者にとって児童の問題の意味が理解できない、どのように関わればよいのか分からない、支援の受け方が分からない、あるいは支援を受けたり家庭で指導をしているが、その効果が見えにくいなどにより、心理的不安が高くなっている保護者への支援である。

　このような保護者への支援は、関係機関が連携をとって、積極的傾聴と受容、そして共感的態度により「保育者と共に支援をしていく」体制を構築することである。これが保護者の心の安定にもつながる。

(3) 児童の問題が重篤である家庭への支援

　児童の問題が重篤な場合は、保護者による対応が困難な場合がある。特に医療を中心として、福祉、保健衛生、教育など専門機関との連携に

よる支援が必要である。中でも保育者は、保護者の話に忍耐強く耳を傾け、感情を受け止めることが何よりも必要である。

(4) 家族が精神障害のために、児童の養育が困難な家庭への支援

両親または兄弟姉妹のいずれかが精神障害、あるいは家族に心身の障害がある家庭の場合である。このような家庭は、家族としての機能や児童の養育機能が適切に果たせていない場合があるので、医療ソーシャルワーカー、保健所の保健師、児童相談所職員、福祉事務所ケースワーカー、民生委員・児童委員、主任児童委員など関係機関や地域の社会資源を活用した支援が必要である。

2. 公的諸制度による支援が必要な家庭と児童

児童の問題とその家族の問題に関する福祉や教育、医療、保健衛生、司法などの諸制度は整備されている。特に、ライフステージに沿った制度を適用するためには、保護者や児童の状態に応じて各関係機関による支援が行われている。

①経済的支援＝生活保護や貸付金などの活用。
②医療的支援＝医療扶助や医療専門職（MSW、PSW、OT、PT、STなど）の活用。
③福祉的支援＝保育所をはじめ児童福祉施設の活用や特別児童扶養手当など各種手当の受給、障害児保育の活用、民生委員・児童委員や主任児童委員など社会資源の活用。
④教育的支援＝言葉の発達が遅れている児童や言葉に障害のある児童のための「ことばの教室」の活用、視覚障害や聴覚障害のある子どものための特別支援学校の活用。
⑤保健衛生的支援＝保健所保健師の家庭訪問指導。
⑥司法的支援＝虐待の法的支援における活用。

これらの支援が、生活の安定と精神的安定を保障することになる。

3. 専門機関を紹介しても相談に行かない保護者への支援

　問題のある児童を持つ保護者の心理は、複雑かつ多様である。専門機関を紹介しても、行かない、行きたがらない保護者は多い。

　このような保護者には、「親の理解が得られない」「どうして行こうとしないのか理解できない」などと考えるのではなく、「保護者は、なぜ行こうとしないのか」と保護者の立場から考える必要がある。保護者の話にじっくり耳を傾け、その気持ちに共感することによって、理解の糸口が見つかることがある。そして保護者との良い関係の中で、児童の集団生活での状態を伝え、「問題の軽減・改善」と「子どもなりの発達の保障」という2方向の保育方針について理解を得るのである。

　さらに、専門機関を紹介する「意味」と、紹介後の対応についても理解を得る。この「意味」とは、子どもを医療、福祉、教育、保健衛生などの側面から多面的・全人的に理解する必要性のことである。

　これは、保護者が保育所や幼稚園に対して「見捨てられ不安」を抱いている場合もあるので、この不安を解消するためにも必要である。保育所や幼稚園は、保護者に対して、これからもできる限り関係機関と連携を保ちながら保育していくことを、誠意をもって伝える。このことが、保護者の不安解消と子育てへの意欲を高めることになる。しかし、理解を求めても専門機関を訪れようとしない保護者には、その指導を受ける意思が固まるまで紹介を勧めないようにすることも必要である。

4. 児童や家庭への支援の手がかりが得られない家庭への支援

(1) 支援活動が行き届かない背景

　児童やその家族に支援の情報や支援活動が行き届かない（支援を求めない、求めることができない）背景には、およそ次のような傾向が見られる。

　・共働き家庭の保護者

- 子育てに関心を向けるゆとりのない保護者
- 日中、不在のために児童に関わる時間が少ない保護者
- 児童の問題に無関心な保護者
- 親の養育能力や環境の問題があり、親戚縁者と疎遠な保護者
- 夫婦間や家族間に対立や葛藤のある保護者
- 地域から孤立している保護者
- 地域住民と交流しない保護者
- 地域の行事などに参加せず、役割も果たそうとしない保護者
- 子育て意識が希薄な保護者
- 親に人格上の問題や行動上の問題がある保護者
- 家庭としての機能が果たせていない保護者
- 独自の価値観（子育て観）を持っている保護者
- 「親はなくとも子は育つ」という価値観を持っている保護者
- 「親も幼い頃、わが子と同じ状態であった。しかし今は、成人して順調な人生を送っている」という価値観を持っている保護者、など。

このように保護者に支援の情報や支援活動が行き届かない場合は、行き届かない背景の分析と支援方法の検討が必要である。

(2) 支援の方法

このような家庭に対する支援の一つの方法としては、支援の対象となる児童とその家族の日常生活の「場（自宅）」において必要な情報の提供や支援をするアウトリーチ（outreach）の方法がある。

これは行政機関や地域福祉関連機関において求められているソーシャルワーカーの機能であり、関係機関が相互の連携の下に実施する有効な方法である。具体的には、次の方法が考えられる。

①現在の児童とその家庭への支援体制としての機関の整備

保護者が、保育所や幼稚園、子育て支援センター、相談機関、保健衛生機関、そして医療機関などへ出向いて、必要な支援が受けられる体制

は整備されている。しかし、これらの機関に積極的に出向けない（出向こうとしない）保護者もいる。したがって、従前以上に「ちょっと話を聞いてみよう」と気軽に行ける雰囲気になれるよう整備が求められる。

②相談機関などに出向かない（出向けない）保護者への支援

児童や家族の問題に関心が向けられない（向けない）保護者や、児童に不適切な関わりをしている保護者に対する支援は、支援体制の整備が必要である。保護者が気軽に行ける動機づけと、「行ってよかった」と実感できる受け入れ態勢の整備が必要である。

しかし、支援体制を整備しても、そこへ行かない（行けない）保護者もいる。これらの保護者に対しては、「アウトリーチ」の概念の導入が求められる。これは「家庭訪問型子育て支援」と言われている。この方法は、特に、児童虐待の一次予防対策になる。訪問する保育者は、保護者に対して傾聴的・受容的・共感的態度で接し、「共に歩む姿勢」で支援することが大切である。このことは、保護者と保育者および支援機関（支援者）との信頼関係を構築することにつながる。

③保護者の意思を尊重した支援

保護者の中には、「家庭訪問型子育て支援」に抵抗感を持つ者もいるので、いくつかの選択肢を用意して、児童とその家族にとって最も利用しやすい方法を選ぶことができる体制を整備しておくとよい。例えば、近くの公民館や集会所での支援、児童が在園していない別の保育所での支援などである。また、子育て支援センターや子育て広場などの見学についての工夫も考えられる。

第2節　関係機関との連携のあり方

要保護児童の家庭に対する支援は、基本的には関係機関が相互に連携

しながら実施することである。この連携のあり方について考察する。

(1) 問題の所在と連携の意味

近年、児童の問題とその家庭の問題は、複雑化・多様化・長期化してきている。また、問題の改善のためには、問題の病理的背景や心理的・環境的要因を踏まえた全人的理解と支援が基本である。これらの問題への支援に関係する機関は、医療、教育、福祉、保健衛生、そして司法などであるが、これらの機関にはそれぞれ固有の機能があり、単一機関での支援は困難である。ここに連携の意味がある。

(2) 関係機関の連携による支援の重要性

関係機関による支援は、問題が深刻化する前の早期発見・早期対応が重要である。そのためには関係機関が、各機関のしくみ、関連する諸制度などに関し相互理解することが前提となる。特に、医療、教育、福祉、保健衛生、そして司法などの諸機関の機能についての理解を深めるとともに、各機関における支援の内容と方法などについても相互に理解して支援をする。それによって児童の問題を軽減し、そしてその子どもなりの発達を保障し、家族機能の回復を目指す家庭支援にもつながる。

(3) 関係機関が連携した支援の実践

関係機関が合意した方針、内容、方法、そして評価などに基づき、支援が実践される。この実践は、関係機関（職員）の役割分担、特に、主たる支援機関（職員）・側面的支援機関（職員）の決定、問題点の明確化、支援状況の把握、評価、支援方針の継続または修正などである。いわゆるチーム制と合議制によるケースマネジメント体制を確立して実践する。実践過程においては、児童とその家族の支援に対する理解や問題意識、問題の改善や発達の保障などについての動機づけや意欲などを確認する。

(4) 発達障害への支援

近年、特に障害区分の精緻化により、発達障害の保育や教育が進展してきている。関係機関は、これらの問題についての情報交換をし、支援の方針・内容・方法、そして役割分担などを明確にして連携を図っていくことが求められる。児童にとって、幼児期は一生に一回しかない。子どもの人生の一回性を考えたとき、児童の問題とその家族への支援は喫緊の課題である。

(5) 関係機関との連携における支援の同意と秘密保持原則の遵守

児童の問題とその家族への支援は、秘密保持の原則の遵守が重要である。個々の事例を他機関へ紹介する際には、子ども（年齢による）とその保護者の同意を得ることが基本原則である。また関係機関との連携において、得られた情報を他に漏らさないことも支援の基本である。これは児童とその家族の個人の尊厳と人格の尊重を意味するものである。

第3節　要保護児童家庭の事例

要保護児童とは、児童福祉法第6条の2第8項に「保護者のない児童又は保護者に監護させることが不適当であると認められる児童」であると規定されている。また『現代社会福祉辞典』には、「社会的養護が必要な子ども。具体的には、親による虐待、親の行方不明・死亡、親の病気・長期入院・就労などにより家庭で継続的に生活することが困難なため、乳児院、児童養護施設、里親などの社会的・代替的養護を必要とする子どもたちである」［秋元ほか、2003］と定義されている。

1．母親から暴力を振るわれていた児童

①児童氏名

A（男児、5歳2カ月）

②主訴

本児は、保育所を1週間休んでいる。担当保育士が家庭訪問をし、本児と母親に面接をしたが、「この子が行きたがらないんです」と言い、保育所を休む理由が判然としない。

③家族構成

父親（32歳）、母親（31歳）、姉（小学校1年生）、本児

④虐待の発覚

ある夜の10時頃、近所の人から「最近、夜になると『お母さん、ごめんなさい』と言いながら泣き叫んでいる」という通報が近くの民生委員・児童委員の家にあった。通報を受けた民生委員・児童委員は、直ちに児童相談所に連絡をした。児童相談所から職員2人が家庭訪問をし、そこで虐待の事実が判明した。児童の身体にたたかれたような傷跡があった。母親は、本児が言うことを聞かないときは常に用意している竹の棒でたたいていたようである。本児がたたかれるのは、決まって父親が夜勤のときであったことも判明した。児童相談所の職員は、母親の同意を得て、Aを児童相談所の一時保護所に保護した。

⑤経過（養育態度も含めて）

本児は一時保護所で1週間過ごし、両親はたびたび面会に来た。また児童相談所の職員は、そのつど両親と面接をした。母親は、「子どもは1人でよい」と考えていた。しかし、父親や父方祖父母からの勧めもあって、不本意ながら本児を生んだ。本児が生まれてからも「子どもに愛情がわかない」「この子をかわいいと思えない」と話した。また、「父親は、第2子を希望しておきながら、仕事中心で、子どもの養育に積極的でない」とも不満を漏らした。父親は、母親による虐待の事実を聞いて驚愕

した。父親は、本児に対して強い愛情を持ち、将来への期待もしていたようである。両親の希望もあり、在宅で支援をすることになった。

⑥家庭支援

支援は、福祉事務所家庭児童相談室の家庭相談員が主たる援助者、主任児童委員が側面的な援助者となり、児童相談所職員がスーパーバイザーの役割を担うことになった。保育所では、本児の心が安定するように仲間づくりや保育士との良い関係を構築するように配慮した。そして保育士は、母親に保育所での「子どもらしい良さ」や「友達への思いやり」などの表れを従前以上に伝えるよう心がけた。以後、母親は少しずつではあるが本児を「受け入れる」ことができるようになった。

本事例は、虐待のタイプの一類型である「母性拒否症候群」によるものであると考えられた。母親には継続したカウンセリングが必要なため、家庭相談員がカウンセリングを継続的に行っている。

2. 家族に障害者があり、不登園（登園拒否）状態の児童

①児童氏名

B（女児、5歳4カ月）

②主訴

母親は、精神疾患のために入退院を繰り返している。父親は、体調不良のために失職している。長男は不登校状態である。本児は、祖母といっしょに登園することもあるが休むことが多い。

③家族構成

父親（35歳）、母親（34歳）、兄（小学校4年生）、本児

④経過（養育態度も含めて）

父親は道路工事に従事していたが、体調不良のために失職している。母親は、長男を出産後、うつ病になり、入退院を繰り返している。家事や養育は十分にできていない。本児は、生後まもなくから保育所に入所した。保育所では、落ち着かず集団生活に順応していない。

⑤家庭支援

　家族全体への支援が必要な家庭であるので、父親が失職してから福祉事務所職員や民生委員・児童委員、児童相談所職員、保健所保健師、病院の医療ケースワーカーなどによる支援は行われているが、児童の問題は改善されていない。父親は腰痛のために通院している。日中は、家族全員が家庭にいる。経済的に困窮していたので、生活保護法の適用により、生活はいちおう安定している。

　本事例は家族全体が支援の対象であるので、次の支援をしている。

・保育所の保育士は、家庭訪問により、両親をはじめ本児や兄を含めた日常生活などの様子を積極的に聴き、共感的態度で支援している。また保育所での友達の様子や行事などを伝え、休んでいても保育所と本児との心理的距離が近くなるように心がけている。さらに本児の発達上の問題に懸念があるので、医療機関に相談することも勧めている。

・保健所の保健師や病院の医療ケースワーカーは、定期的に家庭訪問して、母親の思いに耳を傾け、精神的に安定するよう支援している。

・生活保護法が適用されているので、福祉事務所のケースワーカーは定期的に家庭訪問して日常生活上の支援をしている。

　本事例は、関係機関がチームを編成しており、支援の一貫性を図るために定期的にケースカンファレンス（合同検討会議）を実施している。

【参考文献】

　　秋元美世・芝野松次郎・森本佳樹・大島巌・藤村正之・山県文治編『現代社会福祉辞典』有斐閣、2003年

　　「社会福祉学習双書」編集委員会編『地域福祉論──地域福祉の理論と方法』全国社会福祉協議会、2010年

　　全国社会福祉協議会『児童福祉論』全国社会福祉協議会、2003年

成清美治・加納光子編集代表『現代社会福祉用語の基礎知識』学文社、2008年

J・レンボイツ（沢村灌・久保絃章訳）『幼児虐待——原因と予防』星和書店、1977年

『児童福祉六法〔平成23年版〕』中央法規出版、2010年

第11章

保護者に伝わる保育指導

西　智子

第1節　保育指導で何を伝えるか

1. 保育指導とは何か

　保育士の専門的な業務は2つある。1つは子どもの保育であり、もう1つは、保護者の子育てに対しての支援である。児童福祉法第18条の4には、「保育士とは、……保育士の名称を用いて、専門的知識及び技術をもって、児童の保育及び児童の保護者に対する保育に関する指導を行うことを業とする者をいう」と表記され、保育士の業務についてこの2つを定めている。

　2008年に告示された保育所保育指針では、第6章に「保護者に対する支援」について取り上げている。また、『保育所保育指針解説書』（厚生労働省）では、「児童の保護者に対する保育に関する指導」を「保育指導」と定義し、その意味を「子どもの保育の専門性を有する保育士が、保育に関する専門的知識・技術を背景としながら、保護者が支援を求めている子育ての問題や課題に対して、保護者の気持ちを受け止めつつ、安定した親子関係や養育力の向上をめざして行う子どもの養育（保育）に関する相談、助言、行動見本の提示その他の援助業務の総体」と説明している。

　保育指導とは、保護者に対して子育てはこのようにするべきであると教え込むことではない。保護者が子どもの成長に喜びを感じ、自信を持って子どもとの生活ができるような状況を作り出せるように支援することである。ときには、子どもに対する保育者の関わり方を保護者に見てもらい、その子に合った的確なアドバイスを交えながら、保護者の子育てのパートナーとしての役割を果たしていく。つまり、子育てに戸惑う保護者に対して、育児の悩みをしっかりと受け止め、「いっしょに子

育てについて考えていきましょう」という姿勢で相談に乗りながら、子育てを楽しいと感じられるよう支えていくことである。保育指導は、保護者と保育者の相互の信頼関係の上に成り立つものである。子どもの笑顔をどうしたら作り出せるかという子どもへの思いが、保護者との信頼関係の基盤である。子どもの最善の利益を念頭に置き、子どもと家族のウェルビーイング（健全・快適な生活）を目指して取り組まれる指導と言えよう。

2. 保育指導で伝えるべきこと

(1) 子どもの育ちを伝え、子育ての喜びを伝える

　子どもの生活時間帯の多くを過ごす保育所では、一人ひとりの子どもの育ちを大切にして発達を援助している。しかし、保護者には保育所のわが子の生活が見えていないことも多い。子どもの発達においても同様である。子どもの"見えにくい育ちの部分"を保護者に伝えることにより、わが子の育ちを実感し、"見える育ち"として理解していけるように保育指導していくのも保育の専門性である。保育者の行う相談・援助活動の中心に、いつも子どもがいる。一人ひとりの子どもの発達の理解なくしては、保育指導は成り立たない。保育者自身が子どもを見る目を確かなものにして、子どもの育ちに喜びを見いだす感性を持っていることが必要である。

(2) 育児不安を受け止め、共に子育てをしていくという姿勢を伝える

　初めて育児に取り組む保護者にとっては、子どものほんのちょっとしたことが育児不安の要因になる。子どもが泣きやまない、言葉が遅い、歩くのが遅い等々、発達の問題から日々の対応まで、周囲の子との違いや、育児書どおりにいかないことにいらだち、不安が募る。育児不安を持っている親には、まず子どものプラス面のメッセージを伝え、保護者のがんばりの労をねぎらい、そのうえで安定した親子関係の構築を支援

していくことが大切である。いつでも"子育てパートナー"として、「いっしょに子どもの問題を考えていきましょう」という姿勢を親に伝えていくことが大切となる。

(3) 育児のアドバイス・対応方法を伝え、保護者の養育力の向上を図る

　初めて育児に取り組む保護者にとっては、離乳食の食べさせ方、オムツのはずし方、夜中の授乳、友達とのけんか等々、戸惑うことばかりである。保育者は、親子が楽しく生活できるように具体的なアドバイスをしながら、養育力の向上を図る働きかけをしていく必要がある。保育の専門家が行うアドバイスや助言は、安易な気持ちで行ってはならない。子ども一人ひとりの状況を的確に把握し、相談してきた親の気持ちに寄り添いながら、その子に合った助言をしていく。そのためには、相談対象の子どもについての深い理解が欠かせない。それこそが保育の専門性である。また、複数の育児方法を助言したとしても、そのことを強要しないよう心がけていく。親自らが、助言やアドバイスを基に、何ができるか、またこれならできそうという気持ちになれるようにすることが大切である。親自身が育児の中でできることに気づき、このように子育てしていこうと決められるように支えていく。親を信じて、自己決定を支えていきながら親自身の成長もまた支えていく役割が保育者にはある。

　しかし、保育の専門を超えての援助が必要なことも多い。保育者は決して抱え込まず、保育の領域を超える問題に対しては、他の機関と適切に連携をとりながら支援していくことが大切となる。

(4) 子どもの気持ちを伝え、安定した親子関係を支援する

　いつも良い親であることは難しい。良い親でありたい、完璧な子育てをしたいという思いは、余裕のない育児を生み出し、子どもは言うことを聞くべきだといった思いに走らせてしまいがちである。しかし、子育ては自分の思いどおりにはいかないものである。思いどおりにならない

わが子にイライラが募り、子どもの声に耳を傾けることや子どもの気持ちを受け止めることができず、否定的な言葉を発する、無視する等、良好な関係を築けない親子が増えている。子どもの本当の姿が見えにくいため、子どもがなぜそのような行動をとるのか理解できず、わが子の表面的な行動に振り回され、ちょっとしたことでもわがままと受け取り、"ダメな子""かわいくない子"と決めつけてしまうこともある。保育者は子どもの気持ちを的確に捉え、子どもの本当の気持ちが何かを保護者に伝え、良好な親子関係を支援していくことが大切である。

　また、環境面から親子関係を支援する指導もできる。園の中にちょっとした玩具を並べて、親子が遊べるコーナーを作ったり、絵本を読めるコーナーを作ったりするなど、お迎えに来た親と子が関わりを持てるようにすることで、親子ともどもホッとできる時間が持てるように配慮するなどである。こういったことこそ、保育の専門性に基づく指導と言える。

(5) 子育てに関わる情報を伝える

　子育て情報と言えるものはちまたにあふれている。しかし、必要な情報が、適切に必要な人に届いているとは言い難い。保育者が保護者に伝えるべき情報には2つある。

　1つは、生活場面での方法や遊び等、保育技術に基づく情報をその子、その親に合った方法で、育児の情報として伝えることである。

　もう1つは、地域の子育て情報を伝える役割である。子育ては、地域の中で行われる営みである。保育所・幼稚園、子育て支援の施設などは子育ての一時を過ごす施設でしかない。親自身が園から巣立ち、地域の中で、子育てに自信を持って自立できることを目指して、保育指導は行われる。地域の中には子育てに関する資源がたくさんあるが、子育て中の親が知らない情報も多い。保育者は、子育てに役立つ施設や遊び場やサービス等、地域の子育て情報を必要に応じて子育て家庭に伝えていく

必要がある。

　また、現代の親は地域から孤立しがちである。マンションの密室の中での育児になってしまったり、仕事を持っていれば、園と職場の往復のみで一日が終わってしまったりするなど、地域の人とのつながりが希薄になっている。園が地域と親子をつなぐためにも、情報を伝える役割がある。さらに、子育て中の親どうしが顔の見える関係になれるよう、地域の情報を発信しながら、園が核となり、親どうしをつなぐ役割も、保育指導の中に含まれる。"伝える"だけではなく、情報を選択し、利用するまで保護者の相談に乗り、いっしょに考える姿勢が重要である。

第2節　個別の保育指導の方法

　保育指導は、日常の保育の中で、日々行われる相談援助活動である。子どもの送迎時の対応や、保育参観、保護者懇談会、個人面談や季節ごとの行事などのあらゆる機会を捉えて行う支援でもある。また、連絡帳や園便り・クラス便りなどは、園側からさまざまな保育の情報を発信しながら、保育指導を行うことのできる、大切なツールである。

1．送り迎えの時間

　毎日の送迎時間は、保育者と保護者が直接顔を合わせ、気軽にコミュニケーションをとることのできる大切な時間帯である。保育者は日常の会話を通じて、あまり構えることなく相談に乗り、保育指導を行うことができる。

〔事例1〕
　3歳児のA君は、迎えに来たお母さんに「ねぇ、見て見て！」とうれしそ

うに、保育室の壁に飾ってあるクレヨンの絵を指差した。クラス全員の絵が並んでいる中からA君の絵を見つけた母親は、「やっと顔らしくはなったけど…。みんなはこんなに上手なのに…」と、失望の色を隠せないつぶやきを漏らした。

　ちょうどその時、クラス担任のY先生がやってきて、次のように話した。

　「今日、お絵かきをしていた時、A君はとてもたくさんお話ししてくれたのですよ。これがお父さんで、これがお母さんと教えてくれて、赤ちゃんもいっしょに公園に行ったこと、ブランコにいっしょに乗ったこと等々、とてもうれしそうに話してくれました。色もいろいろ使って、力強く、集中して描いているA君を見て、私まで楽しくなりました。それに、経験したことを上手にお話してくれるようになりましたね。」

　それを聞いて、母親の顔が明るくなった。

　この事例で母親は、作品の出来栄えを他の子どもと比較し、目に見えている状況だけでわが子の発達状況を評価している。それに対して保育者は、A君が描いていた時の状況を短時間の会話の中でいきいきと話している。A君の発達を多方面から肯定的に見ていく視点を、さりげない会話の中で母親に伝えている。子どもの育ちを見える形に言語化し、子育てのプラス面を親自体が感じられるようにと保育者は心がけたのである。帰りがけのちょっとした会話の中においても、親がわが子の育ちを実感し、子育ての喜びを持てるように支援していくことが大切である。

2.　連絡帳の活用

　連絡帳は、園と家庭を結ぶ大切なコミュニケーション・ツールである。特に、初めての育児の親や低年齢児の子どもの親には、大事な個別援助の場となる。連絡帳のやり取りの中で相談に乗り、育児の疑問や不安に答え、子ども理解が深まるように工夫して記入していくことが大切である。連絡帳のやり取りを通して保育指導をしつつ、必要に応じて個別の

面談時間を持つなどの配慮が必要となってくる。

〔事例2〕

　　育児休暇後、職場復帰したばかりのB子の母親は、職場もとても忙しいらしく、元気がない日が続いていた。

　　そんなある日、連絡帳に、次のようなことが書かれていた。

　　「このところ、B子の夜泣きが続いていて、本当に疲れきってしまいます。昨夜は、何をしても泣きやまないので、とうとうたたいてしまいました。」

　　担任は「そんなことってありますよね…」と書き始めてはみたものの、どのように続けて返事をしたらよいのか、困り果ててしまった。

　この事例の場合、母親は、自分がうまく育児ができないイライラを担当保育者に訴え、SOSを出している。ここで必要なのは、母親の育児に対するねぎらいと、子育てがつらいと感じている気持ちへの共感の言葉である。例えば「夜泣きをされると本当につらいですよね。仕事で疲れているのにもかかわらず、眠る時間を惜しんでB子ちゃんに対応するのは大変ですね…」や、「仕事と子育てにがんばっているお母さんの姿を見て、独身の私はいつもすごいなと感じています」等のすなおなねぎらいの言葉でもよい。その後で「B子ちゃんの夜泣きの原因を私なりに考えてみました」というように、原因と対処法をアドバイスしていく。この場合、決して押しつけにならないように"提案"していく。連絡帳の記入においても、保護者の自己決定を支える視点が大切である。そのうえで、「今日のB子ちゃんは保育者といっしょにボールを追いかけてキャッキャッと声を出して笑い、投げ返すという遊びを繰り返し楽しんでいました…」というように、子どものプラスの側面を伝え、B子が元気で楽しく一日を過ごせたことを伝える。次に、「園生活の疲れが出ているのかもしれません」「昼の活動で十分体を使い、夜ぐっすり眠れるよう園生活を見直してみます」等、園生活で保育者側が工夫できること

を伝える。

　以上のように、育児の不安やアドバイスを求めてきた連絡帳の返答では、①共感の言葉かけ、②具体的アドバイス、③園での子どもの様子、④園で対応できること、等を記入し、保護者とのやり取りが一方的にならないように心がける。

　事例2のように、たたく行為を含め深刻な背景が予想できる場合、連絡帳には、共感の言葉とB子の園でのプラス面の様子のみ伝え、その日のうちに母親と直接対面して、言葉をかけることが必要である。たたいてしまったことを後悔している母親の気持ちに寄り添う言葉かけをし、その後、ゆっくりと話し合える個人面談の場を設定していくとよい。

3. 個人面談

　個人面談は、保育者と保護者が落ち着いて子どものことを話すことができる大事な時間である。しかし、その前提には保育者と保護者の相互信頼関係がなければならない。「この人なら話せそう」と保護者が思うのは、わが子をよく理解してくれていると思えるからである。保育者に、保育の専門家としての子どもへの深い理解が根底にあることが、信頼関係の基盤となる。

　面談中、園での子どもの問題を中心に話したいという思いが前面に出てしまいがちであるが、親の育児に対する思いを認め尊重する姿勢、傾聴の姿勢が基本となる。親をこのような人と決めつける態度は断じて避けなければならない。子どもの園の様子を伝えるに当たっては、良い面を伝え、親の見方をプラスの方向に意識づけていく。親から相談や助言を求められたことに関しては、複数の助言を用意し、親が選び取れるようにする。また、その助言を受け入れ実行するかどうかについては、親自身が自分で決めることができるように支援していく。親のできない部分を指摘するのではなく、今できているよい部分を認め、勇気づけ、自信を持って意欲的に子育てに取り組もうとする力を強化していくことが

面談の目的である（第12章の「個別援助技術」を参照）。

4. 電話による相談

　電話による相談には、大別して2つある。1つは、具体的な育児の疑問に答えてほしい、なんらかの助言が欲しいと考えて電話をかけてくるものである。この場合、育児に対してなんらかの不安を抱えている場合が多い。もう1つは、"苦情"の電話である。苦情という形をとってかかってきた子どもの問題も、しっかりと聞いていくと、多くの場合、育児への不安や自信のなさが背景にあることが分かる。

　どちらのケースも顔が見えないだけに、しっかり聞き（傾聴）、整理しながら聞いていくことが大切となる。その際の配慮事項は、個人面談と同様である。傾聴し、受け入れ、承認し、勇気づけながら、疑問点に答え、親の自己決定を促しながら子育てへの自信の回復や、意欲的に取り組もうとする親の力を引き出していくことが大切である。電話相談は、匿名でできる利点がある。しかし、より深く関わる必要があると判断されるケースに関しては、相談者の意向を尊重しながら、面談による相談につなげるようにしたい。

5. 家庭訪問

　家庭訪問は、子どもの育つ基盤である家庭を直接訪問することにより、家族の状況を把握し、子どもの理解を深めて日常の保育と親の支援に生かしていくものである。個人の生活を尊重する姿勢を持って訪問する。そのうえで、それぞれが持つ家族の力を把握し、家族自身ができること、保育者側が支援できることを整理するようにする。各家庭のありのままの状況を把握できるだけに、知り得た個人情報の扱いには十分に気をつけたい。

第3節　集団を通しての保育指導の方法

1. 保護者懇談会・グループ懇談会

　保護者懇談会は、園全体会もしくはクラス別に年に数回行われるのが一般的である。クラスの親どうしであっても、送迎時間がまちまちで日常的に顔を合わせることも少ない状況にあるので、子育て世代の親どうしが知り合い、情報を交換し合うという意味でも貴重な機会である。園から保育の説明などを受けるだけでなく、親どうしが語り合い、悩みをお互いの経験から解決する場ともなる。保育者は進行役として、全員の保護者が話しやすい雰囲気づくりをする。テーマを設定する場合や、自由に意見交換する場合など、さまざまな進行の方法が考えられるが、どの場合においても保護者の意見を常に尊重しながら親どうしの育児経験から学び合えるように配慮をしていく（第12章の「集団援助技術」を参照）。

2. 保育参観・保育参加（体験保育）

　保育参観や保育参加は、①行動見本を示し、子どもへの理解を深め、具体的に育児の方法を伝える、②体験の場を提供し、直接子どもと触れる楽しさを提供する、という両者の意味において、とても有効な保育指導の場である。

　例えばA園では、子どもの日常をしっかり理解してもらうため、保育参加と参観を組み合わせ、その後グループ面談をする形で実施している。子どもに動揺を与えず日常により近い状態を見てもらうため、参観・参加日程をクラスごとに数日取り、少人数のグループに分かれて参加してもらう。低年齢児の場合は、保護者の姿が見えると不安定になるため、子どもたちから姿が見えないようにし、実際の保育者との関わりを見て

もらえるよう工夫を重ねている。

　参観後、低年齢児の保護者からは「子どもの園での様子がよく分かり、客観的にわが子の良い面を見ることができた」「園でしっかり生活しているのを見て、子どもを信じて見守るようにしようと思った」「先生方の言葉のかけ方、対応の仕方がとても参考になった」「今までわが子しか見ることがなかったが、ほかの子どもの様子を見ることができ、とても勉強になった」等々の意見が多く聞かれた。

　また、体験保育（保育参加）後の感想には、「わが子はもちろん、ほかの子どもたちとも遊ぶことができ、とても楽しいひとときだった」「ほかの子どもたちからも慕われ、うれしかった」等、親自身が保育の補助的役割を経験し、子育ての技術を学ぶだけではなく、喜び、やりがいを実感し、子育てに自信を持つきっかけになったことがうかがえる。

　子ども時代に小さい子どもと触れる機会が少ないままに育ち、親になるための知識を体験的に学ぶことができにくかったのが現代の親である。保育参加や参観は、子どもの様子や保育の内容を理解することにとどまらず、子育ての学びや子育ての喜び・やりがいなど、親としての情感的な成長を促している。これこそ、園の特性を生かした保育指導と言える。

3. クラスだより、園便り、その他の文書を通して

　園便りは園全体の保護者に向けて、園からの情報発信をするものであり、通常毎月発行されている。ときには特集号を組み、行事への取り組みや、家で役立つ遊びや子育ての知識など、園での子どもの様子や保育方針・保育内容を伝えるだけでなく、養育力の向上につながるような内容にして情報を発信していく。

　クラス便りは、クラスの子どもの様子や保育の取り組みをより具体的に伝えていくものである。子ども理解を深めてもらい、毎日の子育てに役立つような内容が求められる。

　その他、写真やVTRを編集して、子どもの育ちを視覚から訴えてい

く方法も効果的である。大型の壁新聞のように園に掲示し、送迎時にそれを見ながら保護者どうしがつながり、また言葉を交わし合い情報交換できることを狙ったもの等、さまざまな情報発信の手法を用いた支援の方法が工夫できる。

いずれにしろ、園からの情報を一方的に発信するだけでなく、保護者との双方向性のつながりが持てる紙面作りが大切となる。子育てのヒントが得られ、かつ子育ての喜びが感じられるなど、子育てに見通しが持てる情報発信でありたい。

4. 諸行事を通して

年間を通じ、園ではたくさんの行事に取り組んでいる。節目での大きな行事は、保護者にとってもわが子の成長を再確認できる機会である。生活発表や卒園式の子どもたちの姿は、自分の子どもの成長を知るだけではなく、各年齢の発達の道筋を理解していく良いチャンスにもなっている。また、子どもたちのがんばっている姿から、多くの感動を親自身がもらい、子育てのやりがいを感じ、先の見通しへとつながっていく。親参加の行事や手伝いを通して、親どうしが顔の見える関係になり、緩やかにつながっていくという効果もある。

また、園の行事を通じて、地域の同世代の子育て家族どうしがつながっていくだけでなく、地域の異世代の人々とも知り合い、顔の見える関係になっていくきっかけとしての役割を果たすことも大切である。

第12章
保護者支援の方法と技術

谷口　卓

第1節　個別援助技術

　個別援助技術（以下、ケースワークという）は、ソーシャルワークの援助方法の中で最初に確立し、最も基本的な援助技術として位置づけられている。ケースワークの目的は、個人（その家族を含む）を対象とし、社会福祉のさまざまなサービスの提供および社会資源の活用により、個人の福祉ニーズの充足と社会的生活の回復・実現に目標を置くものである。したがってケースワークは、ワーカー（援助者）がクライエント（利用者）を理解することが信頼関係（ラポール）の構築のためには非常に重要になる。

1. ケースワークの展開過程

　利用者を理解するに当たって、援助者には基本的態度が要求される。これは「バイステックの7原則」と呼ばれるもので、ケースワークのみならず、援助技術の共通基盤である（p.57参照）。
　ケースワークは、体系化された一連の手順と方法に従い、利用者の問題解決に向けて援助者と利用者の信頼関係と共同作業の下、その過程が展開される。**図表1**に示すように、①インテーク、②アセスメント、③プランニング、④インターベンション、⑤エバリュエーション、⑥終結の過程で展開されるが、全てのケースがプロセスどおりにはいかず、フィードバックされながら展開される。
　以下、展開の流れに沿って説明する。
　①インテーク（受理）
　個別援助技術の最初の段階である。受理面接として、利用者の主訴やニーズの把握、基本的情報の収集、援助を受ける意思があるかどうかの確認、問題解決に対する援助者の役割と所属する機関・施設の機能の確

図表1　ケースワークの展開過程

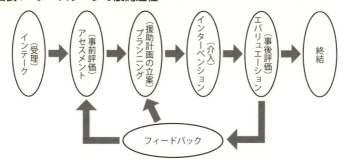

出典：[丹野、1996] を基に作成

認を行う。場合によっては、他機関等への送致や引き継ぎを行う。

②アセスメント（事前評価）

　利用者本人や家族、関係者から情報収集を行い、援助計画を立案するために、具体的な資料と分析を行う段階である。これによって、解決すべき問題の所在を明らかにし、利用者、家族、援助者、機関・施設の役割の検討を行う。

③プランニング（援助計画の立案）

　アセスメントに基づき、問題解決に向けての目標を設定し、目標達成のための計画が立案される。目標設定は利用者の問題解決能力に応じた実現可能なものを設定し、当面の目標からゴールとする長期目標を設定することが望ましい。

④インターベンション（介入）

　利用者の最終的な自己決定に基づき、具体的な援助計画が実施される段階である。利用者への直接的介入（心理的支援や利用者を取り巻く環境への働きかけ等）と、間接的介入（利用者を取り巻く社会環境の調整・改善、社会資源の活用や開発など）がある。

⑤エバリュエーション（事後評価）

　援助活動全体の有効性・効率性について評価をすることである。当初設定した目標や課題が達成されていない場合、③のプランニングや②の

アセスメントに戻り、計画の立て直しが行われる。

⑥終結

事後評価と重複する部分もあるが、利用者の目的が達成され、問題が解決されたことに対し、援助者と利用者との判断が一致し、問題解決を自力で実行していけることが確認された場合、援助の終結となる。その際に大切なことは、いつでも援助が再開される機会が開かれていることを利用者にも伝えておくことである。

2. 援助者の自己覚知

援助者は自分自身を媒体にして援助するため、自分の性格、物の見方、雰囲気、他人との関係の作り方など自分自身がどんな人間かを知らなければならない。ケースワークの関係の中に、援助者の先入観や価値観が持ち込まれるならば、「受容」、「個別化」、「自己決定」、「秘密保持」などはその影響を受けてしまうことになる。このようなことを防ぐには、「自己覚知」、すなわち「自己理解」、「自分自身を客観的に見つめる態度」が必要になる。自己覚知を深めるためには、以下の3点が重要である。

①人間の行動様式について、十分な知識を得る

援助者固有の理解の枠にとどまることを防ぐために、人間の行動様式、社会的・経済的問題に対して、人間が示す反応（さまざまな心理的反応）などについて、心理学・精神保健領域の知識が必要である。専門知識によって個人を理解することに役立て、具体的援助が可能となる。

②自らの感情を理解する

援助者が自分自分の持つ感情の傾向について知ることによって、利用者をすなおにありのまま受容できるようになる。

例えば、父親の飲酒で苦労させられた経験を持った援助者が、酒飲みの父親を持つ子どものケースに出会うと、面接をしないうちから「酒を飲むからこんなことになる」と軽蔑しながら面接をすることがある。そのため、援助者は「酒飲みは嫌だ」という価値観で援助を行い、利用者

に対して冷静な対応が難しくなる場合がある。

援助者は自分の価値観と異なった価値観や感情に出会ったとき、援助者としてどのような「態度」や「感情」を抱くのか、自分自身でその傾向を知ることが重要である。

③偏見と先入観を知る

偏見・先入観は、援助者が誕生して以来、その成長過程の中で植えつけられてきたもので、自分の価値観が強いからこそ偏見・先入観が起こりやすい。これは親（保護者）のしつけ、教育の中で自然に身についた物事や事象に対する判断であり、そこに偏りが認められる場合、それをすなおに認め、受容し、修正することが重要である。

自己覚知を進める方法は、まず第一に自分の価値観と他人の価値観が著しく異なっていないかを自分自身でチェックしたり、援助者が参加する研究会（研修会）などで他の援助者と意見を交換しておくなどの機会を利用し、自己覚知を深めておくと、自分の感情をコントロールすることに役立つ。また、スーパービジョン（上司からの指導）などによる方法もある。

第2節　集団援助技術

1. コノプカの14原則

集団援助技術（以下、グループワークという）の原則については、以下に掲げるコノプカの14原則がよく知られている。

①集団内での個人の個別化

各個人の独自性・相違点を認識し、それに従って行動すること。援助者（以下、本節では「グループワーカー」のこと）は、グループの経験が

個々の利用者にどのような効果をもたらし、一人ひとりがどのように考え、感じ、行動しているかを観察する。

②集団の個別化

多種多様のグループをそれぞれ独自のグループとして認識し、それに従って行動すること。各グループはそれぞれの特徴を持っている。

③メンバーの受容

各個人を、その個人独特の長所・短所とともに純粋に受け入れる。援助者は、自分が利用者を受け入れており、また共感しているという気持ちを言葉や行動で積極的に伝えていくが、積極的に働きかけてこない利用者には、援助者からの働きかけを最も必要としている。

④援助者とメンバーの援助関係の構築

援助者とグループメンバーとの間に、意図的な援助関係を樹立する。

⑤集団のメンバー間の協力関係の促進

グループメンバー間に良い協力関係ができるように奨励し、その実現に力を貸す。

⑥グループ過程の変更

グループ過程に必要な変更を加える。

⑦メンバーの能力に応じた参加

メンバーが各自の能力の段階に応じて参加できるように励まし、またその能力をさらに高めることができるよう援助する。援助者は利用者が各々の能力に応じて参加できるような活動を考え、メンバー相互の交流が促進されるよう参加を促してゆく。

⑧問題解決過程へのメンバー自身の取り組み

メンバーが、問題解決の過程に参加できるように援助する。

⑨葛藤解決の経験

メンバーが葛藤解決のためのよりよい方法を経験するように援助する。そしてメンバー自身の、またグループメンバー内での葛藤に対して、メンバーが自分たちで解決できる方法を見いだせるように導く。援助者は

メンバー自身やグループが持つ葛藤に気づき、それを抑圧するのではなく、必要に応じてその葛藤を表出させることが必要となる。逃避することなく葛藤を直視し、主体的に取り組めるように支援しなければならない。

⑩多くの新しい経験の機会の提供

人間関係を持つことにおいて、また、物事を成就することにおいて、多くの新しい経験を与える。

⑪制限の原則

制限を、各個人およびグループ全体の状況に対する診断的評価に基づいて、巧みに用いていく。利用者が自分や他人の生命を脅かしたり、人間関係を破壊する行動を取ったりすることがないよう保護し、利用者の自我を強化し、援助者とより良い援助関係を保っていく。

⑫診断的評価に基づくプログラムの意図的な活用

各メンバー、グループ目的および社会的目標の診断的評価に基づいてそれぞれの状況にふさわしいプログラムを意図的に用いていく。

⑬過程の継続的評価

個人およびグループの過程について、継続して評価を行う。

⑭援助者の自己活用

援助者は、温かく人間的に、しかも訓練によって得た方法に従って自己を活用していく。そして自己を援助の道具として用いる。援助者は、集団の中で利用者と行動を共にするが、ただ集団の過程を観察するために存在するのではなく、必要な援助をするために存在する。

以上のとおり、グループワークに関するコノプカの原則は、適切な援助を展開していくための指標であると言える。

2. グループワークの展開過程

グループワークの過程は、①準備期、②開始期、③作業期、④終結期の4段階に分かれる。

各段階における援助者の役割は、メンバーやグループの発達過程によって異なるが、おおむね以下のように整理できる。

①準備期

実際にグループワークを開始する前の準備の段階であり、援助者はメンバーとの「波長合わせ」を行うことによって、一人ひとりの感情やニーズを読み取る。また、メンバーの解決すべき問題や課題を把握し、目標を設定する。

②開始期

集まりから集団として働き始めるまでを指し、援助者の援助を受けながらグループを築き始めていく初期の段階である。また、援助内容についての契約の確認や、メンバーとともにプログラムを検討・立案していくことも必要である。

③作業期

メンバーとグループが課題に取り組み、目標達成に向かって展開していく段階である。援助者は、メンバーの主体性や問題解決能力を尊重しながら援助し、個々のメンバーとグループの成長・発達を見守っていく。

④終結期

グループ活動を終了するに当たって、終結のための準備から援助の終了までをいう。援助者は、援助活動の開始期から全過程をメンバーとともに振り返り、メンバー個々人ならびにグループの目標がどれくらい達成されたかを評価する。

2．グループワークの構成要素

グループワークは、次の4つの要素から構成されている。

①グループワーカー

グループワークを企画し、参加メンバーの中から集団を動かしてゆくリーダーを育て、リーダーを中心としてグループメンバーが望ましい活動を展開していけるように援助する役割を果たす人である。

グループワーカーは、グループ（メンバーおよびグループ全体）を側面から援助する存在で、メンバーの一員ではなく、グループ全体に対する統率者、指導者、助言者、情報提供者、誘導者、オブザーバーなどの役割がある。

②グループメンバー

メンバーとは、グループワークの援助対象となるグループ構成員のことである。幅広い年齢層の人々が対象だが、援助の目標によりグループメンバーの構成は異なる。

グループには、自然発生的グループと人為的グループがある。

自然発生的グループとは、すでにできているグループに、後からワーカーが働きかけてグループワークとなるもので、メンバー相互にはすでに人間関係ができているようなグループである。例えば、近隣に住む乳幼児とその母親で自然発生した公園グループに保育所が場所を提供し、保育者が援助しながら、保育所の育児グループとなるようなグループである。

人為的グループとは、施設や援助者側に目的と計画があり、そのために組織されたグループであり、メンバーは通常、グループに参加するまでお互いに面識がなく、人間関係もないのでメンバーどうしをひきつける力は弱く、リーダーシップを育てるのも難しいようなグループである。例えば、生後1年までの乳児を持つ母親を対象とした「赤ちゃんグループ」とか、情緒障害児の療育グループなどがこれに当たる。

③プログラム

グループワークでは、「意図的なプログラム活動」を通して「仲間関係」を育て、グループ内の相互作用をグループワークの目標達成の活力として利用する。すなわち、「プログラム活動」は目標達成に効果的な「仲間関係」づくりの原動力となる。

プログラムは自由に自己表現できるものであることが必要で、例えばスポーツ（球技、水泳、体操、ダンスなど）の身体的表現、工作（手芸、

木工、折り紙、その他クラフトなど)の情緒的表現、演劇、コーラス、ディスカッション、ゲーム、料理、キャンプ、ハイキングなど、人との関係の中で表現できるものなどがあり、プログラムの種類によって材料や準備が必要となる。メンバーの年齢によってプログラム内容の吟味も必要となるので、援助者はプログラム材料や活動の性質についても熟知していることが求められる。

④社会資源

社会資源とは、グループの目標達成のために、利用できる全てを指す。例えば、各種法律、制度、知識、技術などの無形のものから、施設、団体、専門家、ボランティアなどの人的資源、設備、機器といった有形の物的資源までを総称したものである。社会資源を活用して効果的なグループ経験をしていくことがグループワークの機能である。

援助者は、自分が属している施設(園)の内外にある全ての社会資源を熟知し、グループ活動の状況に応じてメンバーと社会資源を結びつける役割を担っている。同時に、援助者はメンバーに対して社会資源を提供するだけでなく、メンバーとともに必要な社会資源を新たに作り出してゆく役割が求められる。

第3節　地域援助技術

1. コミュニティワークの展開過程

地域援助技術(以下、コミュニティワーク)とは、地域社会で起こっているさまざまな問題を地域単位で捉え、住民が主体的に活動に参加し、解決に向かって組織的に問題に取り組んでいけるよう、援助者(以下、本節では「コミュニティワーカー」のこと)が、関係機関や団体と調整を図

りながら社会資源の活用や開発を行い、計画立案し援助する方法である。

コミュニティワークの援助過程は、①地域アセスメント、②地域ニーズの把握、③活動計画、④活動の実施、⑤活動の評価の5段階がある。この援助過程はフィードバックの機能が含まれ、場合によっては、順序の入れ替えや、それぞれの段階の繰り返し等が行われることもある。

①地域アセスメント

コミュニティワークを展開するためには、地域住民が自分の地域問題の解決に向けて、住民の意識がどれほどあるのか、社会資源や情報がどれほどあるのか等を把握しておくことが必要である。そのためには、地域の特性を把握し、地域が抱える問題の背景や住民の考え方等を把握しておくことが重要である。

②地域ニーズの把握

地域社会では、どのような問題や生活ニーズ（課題）が発生しているのか、また住民や行政がこれらの問題にどう対処していこうとするのか、住民自身の手で把握していくことが必要である。そのためには、アンケート調査や住民どうしの座談会を開催すること等によって、地域のニーズや住民の意識を把握していく必要がある。

③活動計画

問題を解決するための対策や行動のための計画策定である。これらの活動計画を立案していくためには、その過程に住民が参加しているかどうかが重要なポイントになる。

④活動の実施

策定された計画を実施する段階である。活動計画を実施する際には、計画が円滑に実施されるよう、援助者が側面から支援する活動が必要である。さらに、問題解決に必要な社会資源の積極的な活用・連携を図っていくことが大切である。

⑤活動の評価

コミュニティワークの最終段階は、計画の目標がどの程度まで達成さ

れたか、活動の点検や成果および効果を測定し、評価することである。もし達成されていなければ、どこに問題があったのか全過程を総括し、今後の課題に向けた新しい計画を立案することが必要となる。

2．地域資源との連携・協力

①児童館との連携・協力

　児童館は地域の厚生施設であり、児童健全育成を目的に家族支援にも取り組んでいる。児童館には、児童の遊びを指導する者（児童厚生員）がいて、地域の子どもや家族に相談援助の技術を活用しながら対応している。また、児童館を職場とする保育士もいる。

　児童館は保育所の卒園児や児童福祉施設利用児が利用することも多い。そこでは、子どものいつもとは違う一面やほかの子どもたちと関わる姿を児童館職員からの情報で知ることもできる。

②地域子育て支援拠点事業、子育てサークルとの連携・協力

　2008年の児童福祉法改正により、地域子育て支援拠点事業の基本事業として以下の4つが規定されている。

　（1）子育て親子の交流の場の提供と交流の促進
　（2）子育て等に関する相談・援助の実施
　（3）地域の子育て関連情報の提供
　（4）子育て及び子育て支援に関する講習の実施

　また、常設の場である地域子育て支援拠点事業の類型には、ひろば型（ひろば機能が中心）、センター型（専門的支援を行う）、児童館型の3類型があり、子育て中の人が歩いていける範囲（中学校区）に地域子育て支援拠点事業が1カ所ある地域社会を目指している。

③自治会との連携・協力

　地域には、自治会、町会、町内会などの組織があり、自治会行事と保育所などの児童福祉施設の行事に共通性があるため、連携が可能である。また、自治会の回覧板や掲示板などを借りて、保育所や施設の年中行事

について、より多くの地域住民に知らせることができる。

　自治会等と保育所などの児童福祉施設が連携・協力することで、利用者と地域住民との交流が生まれ、結果としてそのことが、子育てしやすい地域づくりにつながってゆく。

④民生委員・児童委員との連携・協力

　保育所などの児童福祉施設は、ふだんから民生委員・児童委員、主任児童委員が出入りする場である。地域に住んでいる民生委員・児童委員は地域の情報を把握しており、幅広い人間関係を持っている。民生委員・児童委員、主任児童委員と知り合うことによって、気になる家庭や子どもの情報を得ることが可能である。また、公的な支援に結びつきにくい家庭などに対し、関わりのきっかけが得られることも多い。

　支援者は、上記①～④のようなさまざまな地域資源と日頃から連携・協力しておき、さまざまな情報を交換できる環境作りをしておくと、その人たちが見聞きしている、地域で子育てしている親子のふだんの様子を知ることができる。また、地域の人たちとの信頼関係や共通認識ができれば、子育てしやすい地域作りに向けた地域のニーズを伝えてもらうこともできる。

第4節　面接技法

　基本的な面接の技法としては、「傾聴」と「共感的理解」が基盤となるが、それを支える技法（技術）として以下のようなものがある。

①相づち

　「それで」、「はい」、「なるほど」など利用者の話を受け止め、話を促すために、ときどき相づちを打つことが有効である。利用者は援助者に対し、「話を聞いてくれている」という実感を持つことができる。

②繰り返し

利用者の話から、重要だと思われた言葉を相手の言ったとおりにそのまま繰り返して応答する。

③焦点化

利用者の話を受け止める中で、「一番心配なことは何ですか」、「なぜ」、「どうして」など相手の話の内容を具体的に焦点化していくことで、利用者のニーズを明確化していく。

④要約

利用者の相談内容を整理し、相談の途中で話の内容を要約することで、援助者と利用者が情報を共有することができる。

⑤質問

利用者に対し、より積極的に関わるために、効果的に行う。質問には、「閉じられた質問」と「開かれた質問」がある。「閉じられた質問」とは、利用者が「はい」「いいえ」、あるいは短い言葉で答えることができる単純な質問のことである。「開かれた質問」とは、「なぜ（What）」や「どのようにして（How）」などと質問することにより、利用者が「はい」「いいえ」のような短い言葉で単純に応答できないような質問のことである。「閉じられた質問」に比べ、「開かれた質問」は面接を行ううえで有効である。

【参考文献】

井村圭壯・相澤讓治編著『総合福祉の基本体系』勁草書房、2006年

丹野真紀子『ケースワークと介護』一橋出版、1996年

吉田真理『保育相談支援』青踏社、2011年

第13章

保護者支援の内容

佐久間美智雄

第1節 支援ニーズの発見

　改定保育所保育指針の第4章において、「保育所における保護者に対する支援」は、「子どもの育ちを家庭と連携して支援していくとともに、保護者及び地域が有する子育てを自ら実践する力の向上に資する」よう支援することとある。

　保育所に子どもを預けている保護者に対する支援は、特別な機会を設けて行うものではなく、日常的な関わりの中で、保育士が意図的に行うものである。保育士には、保護者の言動や子どもとの関わりの中でニーズをくみ取り、適切に働きかけることが求められる。

1. 子どもの送迎時における支援ニーズの発見

　朝夕の送迎時は保護者と直接顔を合わせることができる貴重な機会であり、日常的な保育相談支援が展開される場面であると言える。挨拶は会話のきっかけになるだけではなく、保護者と子どもを「迎え入れる」サインの発信でもあるため、保育所内にいる保育士が、どの保護者と子どもに対しても積極的に挨拶することが大切である。

　また、ノンバーバル・コミュニケーション（非言語的コミュニケーション）といって、言葉だけのコミュニケーションだけではなく、視線（アイコンタクト）、笑顔などの表情、声のトーン、話す間や速さ、身ぶり、立ち位置や姿勢、応対する態度など、言葉以外による情報を得ることも大切である。そのためには、まずは保育士自身を知ることである。自分が人にどのような印象を与えるのをよく知り、自分の良さを上手に活用する。また、自分の感情と向き合うことも必要となる。

　朝は、慌ただしい中で、子どもの受け入れや視診を行うと同時に、保護者の様子を意識的に観察し、保護者や親子の状態を把握することがで

きる貴重な時間帯である。保護者と子どもとの分離が難しい場合には、保護者も不安になりやすいため、個人の連絡ノートやお迎えの際に、子どもの様子を丁寧に伝えるなどの配慮が必要となる。

　夕方は、朝よりも比較的時間の余裕も生じるため、保護者への関わりを行いやすい時間帯でもある。また、保護者の様子や親子の状態についても、じっくり観察することが可能になる。なにげない会話の中で、保護者の話にしっかりと耳を傾けることは、保護者との信頼関係を築くうえでも、また、情報収集の手段としても有効である。保護者と直接的に関与できる日常場面が、夕方以降のお迎えの時間であると言える。

　ただし、送迎場面での保育相談支援は、他の保護者が周囲にいることに配慮し、個人情報に深く関与することはできるだけ控え、必要と判断された場合は、時間を割いて他の人の目に触れないような個室を設けるなどして個人面談行う必要がある。

　保護者への支援は、日頃の関わりの中での保育士の気づきがきっかけになることが多い。あるいは、保護者から直接依頼を受けることもある。その意味では、保育所が保護者にとって居心地の良い、安心して本音の出せる場所となるような環境づくりが重要である。また、保育士も継続的な関わりが持てるように、コミュニケーションスキルを生かして日頃から信頼関係を作っておくことが求められる。

2．その他の機会における支援ニーズの発見

　ニーズ発見の機会は朝夕の送迎時だけでなく、日常的な保育相談支援が展開される場面のコミュニケーションとして行われる。例えば、個人連絡ノート、クラスノート、クラス便り、行事などで情報を得ることもある。また、保護者の参加する親子遠足、運動会、保護者懇談会、個人面談、家庭訪問、保育参観、保育参加なども保育相談支援が展開される場面である。

　このように、保護者にとってはなにげない場面であっても、保育士が

保育相談支援技術を活用し、意図的に関わりを持つことで、保育相談支援の実践が成立する。同時に、保護者の言動や子どもとのなにげない関わりの中に、保護者が発揮している子育てに関わる力を保育士が捉えることが大切である。

3. 保護者との信頼関係の確立

　保育の現場における支援のあり方については、一般的な相談室などで行われる面接や援助方法とは違う対応が求められる。保育士が保護者の異変に気づき、面接室に迎え入れて話をすることがある。保護者はなかなか切り出せないでいたりすることもあり、迎え入れてもらえたことで安心する。保育士は、保護者が受け入れてくれたことに感謝し、日頃の労をねぎらう。そして面接が始まる。

　この段階で留意すべきは、保護者との信頼関係を築くことである。信頼関係は援助実践の土台であり、関係の質はその後の展開に大きく影響する。多くの保護者は問題に対し、また援助を受けることに対して不安や戸惑いを感じており、援助にはスティグマ（恥辱）が伴いがちであることも忘れてはならない。したがって、最初の出会いにおける保育士の態度・対応は極めて重要であると言える。

第2節　相談内容のアセスメント

1. 初回面接の重要性

　初回面接とは、保護者と保育士が相談目的のために設定された場面で初めて出会い、援助を必要とする状況と課題を確認し、機関の提供できるサービスと突き合わせてその後の援助の計画を話し合って契約を結ぶ

過程を総称することで、受付面接といわれるものである。また、初回面接は受理もしくは受理面接あるいはインテーク面接と呼ばれることもある。近年では、援助を求める側と実践する側の対等性を重視し、契約・約束といった意味である「エンゲージメント」と言われることもある。

ここで大切なのは、その導入と場面設定である。保育士としては、①受容的な話しやすい雰囲気を作ること、②そこで保護者が抱える主訴を受け止め、主訴をめぐる状況を明らかにしていくこと、そして、③主訴の聴取と必要な情報交換である。保護者の主訴を手がかりに、その内容と背景を明らかにし、機関の機能を十分に説明して保護者に理解してもらい、受けられるサービスについて適切に理解してもらう。援助の「入り口」である初回面接は、保護者や家族の要望等を聞き取る最初の面接として大変に重要な過程となる。

2. 情報の収集とアセスメント

情報収集は、保育中の子どもの姿、送迎時の保護者との会話や面談、親子の関係性の観察、連絡帳などでのやり取りなどから、必要な情報を把握する。子どもの気持ちや発達、保護者の思いや置かれている状況、親子の関係性、家庭環境なども把握する。

情報収集・情報交換は、ケアワーカーである保育士が保育相談支援を行う際にとても重要である。保育士が保護者と、家庭での子どもの様子、保育所での子どもの姿について情報交換することで、より良い保育、より良い保育相談支援につなげることができる。送迎時や面談、電話などの会話や連絡帳などの文章によって子どもの様子を伝え合い、お互いに情報を共有する。信頼関係の形成のための情報交換、支援の実施としての情報提供もあるが、ここでの情報交換は、より適切に事前評価を行い、より適切に支援計画を作成するための保育士と保護者による情報の伝え合いと説明することができる。

面談などを通して、生活状況や健康、人生観や信条、就労状況、育児

状況や育児観、子ども観など、保護者自身の背景や心情を十分に理解しておくことが求められる。保護者の状況は、一人ひとりさまざまである。なにげない関わりや会話を通して、子どもに対する保護者の気持ちや育児への思いを共有し、共に子どもを育てる意識とパートナーシップを持って信頼関係を構築することが望まれる。そうした関係の中でこそ、保護者は保育士に心を開いてくれ、子どもの育ちや保育に必要な事柄や情報を共有することができる。また、子ども虐待の発見や予防につながるとともに、気になる子どもへの理解と対応、地域との連携や専門機関との連携もしやすくなる。

　子どもについては、成育状況、家庭環境、生活リズム、生活や遊びにおける興味・関心、取り組む姿勢、性格特性、身体的特性、健康状態、運動や栄養（食事）状態、親子や家族・兄弟・友達などの人間関係などを把握しておく。

　次は、援助を求める人とその状況について理解を深める段階である。一般にこの段階は「アセスメント」と表されるが、「情報収集と分析（整理）」、「事前評価」、「保護者理解」などとも言われている。また、アセスメントを最初の段階とする考え方もある。

　この次に「契約」を過程として位置づける場合もある。契約をどの段階で行うかについては、見解が分かれる。「契約」とは、保護者と保育士の間において同意を得ること、あるいは合意が結ばれることであるが、何に対する同意であるかによって過程での位置づけが変わってくる。

　続いて、目標を立て目標を実現するための具体的方法を計画する段階となる。この過程を、「支援標的設定」「目標設定」と「援助計画作成」「支援プログラム作成」などに区分することもあるが、一括して「プランニング」と称されることが多い。

3．意向聴取とアセスメント

　アセスメントを始めるに際し、情報収集の必要性について保護者に説

明し理解を得ておくことが重要である。情報は、基本的に保護者から聞くことになるが、保護者以外から情報を得ようとする際には、原則として保護者の同意を得て行う。情報収集は聴き取りだけでなく、観察や記録などからも可能である。聴き取られた情報は、話し手の主観に基づくものもあり留意が必要であるが、客観的な情報だけに価値があるのではなく、認識と事実関係のずれ、また当事者の認識や感情、判断そのものにも重要な意味がある。

アセスメントにおいて収集される情報は必ずしも統一されたものではないが、主に保護者個人の情報、問題に関わる情報、保護者の環境に関わる情報が基本となる。情報収集に関しては、先にも述べたように保護者の病理的側面だけではなく、環境も含めストレングス視点（人はそれぞれ潜在的に「強さ」を持っているが、さまざまな理由によりその「強さ」が発揮できないという視点）を持つこと、問題状況についても環境全体の視点でその関係性を捉えることが必要である。

保護者の意向を聴いてニーズのアセスメントを行うとき、しばしば保育士を悩ませる問題がある。それは、保護者によるニーズと保育士の側から見たニーズのズレである。

そこで、保護者と保育士は互いの真意を伝え合いながら、一致点を探すことが必要になる。ニーズのアセスメントに重要なのは、形のうえで保護者の意向をくみ取ることではなく、表面には見えにくい、子どもや保護者の真の意向を注意深く探り、保育士から見たニーズとすり合わせることが大切である。こうして、両者のニーズは「合意されたニーズ」へと転換される必要がある。

アセスメントは、具体的に援助を進めるに当たり、必要な情報を集め分析し、保護者の状況、環境に対する理解を深めること、そして「問題」とニーズを明らかにすることが目的となるが、あくまでそれは続く過程であるプランニングやインターベンション（介入）の方向性の基礎を作るためであり、不十分なアセスメントはその後の援助展開の大きな

支障となる。アセスメントは過程の早い段階に設定されているが、その後の援助展開におけるフィードバックに応じ繰り返し行われる。集められた情報は整理され、仮説に基づく検証や、欠けている情報の再収集・再検証などが繰り返されることで、保護者、問題構造、ニーズへの理解が深まり、解決すべき問題や課題などへの認識が深まっていくのである。

第3節 マッピング等の活用

　アセスメントの段階で「記号」や「関係線」を活用する「マッピング」（mapping）は、援助者が保護者の抱えている問題を共に解決していくための一助として、そこに関わるさまざまな人々や社会資源あるいは家族内関係の相互作用を分かりやすい形で描き出していく図式法で、とても有効である。複雑な相互関係の全容が一目瞭然になっていく。ジェノグラム（genogram）、ファミリーマップ（family map）、エコマップ（eco map）などがある。アセスメントの段階で得られた情報からライフヒストリー（育成歴）を作成したり、ライフヒストリーを基にジェノグラム併用エコマップを作成してみるのも有効な方法である。

　子どもが入所した後はおおむね1カ月程度は、通常より詳細な生活記録をとり、引き続き情報の収集と共有化をすることが望ましい。また、この時期に以下の資料を作成することで、アセスメントの実効性を高めることが可能となる。

　また、関係する機関ごとにアセスメントを円滑に進めるためのシートが整備されていることも望ましく、情報の整理・分析にはエコマップやジェノグラムなどマッピングによる可視的な整理も有効である。必要に応じて、専門家の所見や助言を得ながら、保育の場で可能ならば親子遊びにおける行動を観察したり、簡単な心理アセスメント（K版発達検査、

バウムテスト、エゴグラム、文章完成法など）や心理療法（例えば遊戯療法や絵画療法、箱庭療法）などを応用することも有効である。さまざまな知見と技術を活用して、多角的に捉える。必要な項目をアセスメント・シートにしてチェックしていくと効率的である（**図表1**）。

(1) ライフヒストリー

　子ども本人の出生、あるいは出生前の家族の状況から、ライフヒストリーをまとめていく。初めに各年齢ごとで等間隔に記入枠を設定することにより、情報の不足している時期を一目で認識できる。作成に当たっては、保護者にその意図を伝えて理解を得たうえで、聴き取りをしながらその場で下書きをするのが有効である。これを用いることで、子どもを取り巻く状況を、各関係者がより正確に認識することが可能になる。初めから十分なものを作成するのは難しいので、まず可能な限りで作ってみて、徐々に加筆・訂正をしていけばよい。

(2) ジェノグラム

　ジェノグラムは、ボーエン（M.Bowen, 1913～1990）によって開発されたもので、「世代関係図」「家族関係図」とも呼ばれている（**図表2**）。家族の歴史的経過を3世代以上にわたって見られる関係性、特徴、および重要な出来事など、その家族に関する事柄を図式化・整理したものである。シンボルとして男性は正方形、女性は円で表し、婚姻関係を示す場合には両者を水平な線で結ぶ。また、子どもであることを示す場合には、婚姻関係を示す線より垂直に降りる線で結んで表す。その他にも、死亡や離婚、再婚なども他の表示や記号によって表される。家族関係を把握するに当たり、文字により記述した記録を補完し、理解の助けとなる。保育においても、関係性を図式化することで、親子の力動関係や家族関係を同時に理解することができる。例えば、児童虐待においては、加害者である親が以前に被虐待児であったことが分かったような場合、

図表1　アセスメントシートの例

園名（　　　　）

ふりがな児童氏名			生年月日	平成　年　月　日	担当者：（　　　　）記入日：平成　年　月　日	
保護者名			現住所	〒　　　　　　　　電話　（　　）		

	続柄	氏　　　名	生 年 月 日	職業・学校	勤務・通学先
家族構成	父				
	母				

連絡先	父	
	母	

出生歴	第　　子	分娩	正常異常	出産状況	正常異常過熟産（　）週	出生時体重　　　　g

既往症	・はしか　・おたふく風　・風疹　・水ぼうそう　・肺炎　・百日咳 その他（　　　　　　　　）
予防接種	＊ポリオ（1期・2期）　＊BCG　＊3種混合（1回・2回・3回・追加） ＊麻疹・風疹2種混合　＊日本脳炎（1回・2回）　その他（　　　）
健診	＊4カ月　＊9カ月　＊1歳6カ月　＊2歳児歯科　＊3歳児
体質　アレルギー等	
主訴	
経緯	

　この連鎖を断ち切るためにも、親が抱えてきた歴史や背景、また親子関係における心理的外傷に理解を示し、他機関と連携をとりながら支援する、といった対処法を選ぶことも可能となる。

　このように、ジェノグラムは家族に関する複雑な情報を図式化することで分かりやすく、しかも、集約的に対応できる技法である。アセスメ

保育の状況	
支援目標	（　　年　　月評価予定）
本人・保護者等の意向	
活用資源等	
他機関との連携	
課題及び問題点	
ジェノグラム併用エコマップ	

（注）各園によって書式や内容が異なる。

（筆者作成）

ントの段階で、保護者といっしょにジェノグラムを作成することは、保護者自身も状況が整理でき、援助者も全体像を把握することができる。

(3)「ファミリーマップ」

「ファミリーマップ」は「家族図」とも呼ばれる。ジェノグラムと異

図表2 ジェノグラムの例

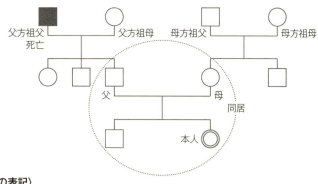

〈人物の表記〉

男	女	不明	
◫	◎		本人は二重線で表記
□	○	△	存在が明らかな人物は実線で表記
▫	○	△	存在が不確かな人物は点線で表記
■	●		すでに死亡している場合は黒く塗り潰す

〈関係性の表記〉

────	通常の関係	─╪─	良好な関係	······	関係性不明	∿∿∿	トラブルのある関係
⊔	婚姻関係	⊔╱	離婚・親権左側	⊔╲	離婚・親権右側	⊔╳	婚姻・別居
⊔╱	婚姻・左別居	⊔╲	婚姻・右別居	→	一方的関係	↔	双方向の関係
⭕	枠内同居						

出典：[東京都社会福祉協議会児童部会、2011] pp.14-15を基に作成

なり、家族間に見られる力関係とそれを反映したコミュニケーション状況などとを表したもので、時間や状況により常に変化するものである。家族内に作り出されている好ましくない関係性を比較的単純化した形で把握することができ、家族が持つ病理性の原因分析などが容易になっていく（**図表3**）。

(4) エコマップ

　エコマップは、「環境相関図」あるいは「社会関係地図」などとも呼

図表3 ファミリーマップの例

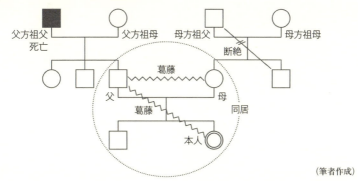

(筆者作成)

図表4 エコマップの例

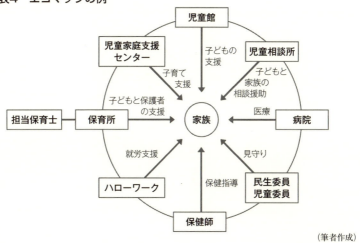

(筆者作成)

ばれており、保護者とその家族の関係や、さまざまな社会資源との関わりを一定の円や線により表すことにより、保護者や家族が置かれている状況を図式化して表現する方法である（**図表4**）。1975年にハートマン（A. Hartman）により考案された。援助者は保護者に影響を与えている周囲（環境）との関係性を一度に把握することができ、介入の方法や社会資源の利用などに関する展望が可能になる。エコマップは、援助活動の記録やスーパービジョン、事例研究などに活用できるだけでなく、保

護者がその作成に関わることで自らの状況を客観視できるといった利点から、面接の道具としても用いられる。

【引用・参考文献】
 アメリカ夫婦家族療法学会編著（日本家族心理学会訳編）『家族療法事典』
  星和書店、1986年
 大嶋恭二・金子恵美編著『保育相談支援』建帛社、2011年
 東京都社会福祉協議会児童部会『Leaving Care──児童養護施設職員のための自立支援ハンドブック〔改訂4版〕』東京都社会福祉協議会、2011年

第14章

保護者支援の計画立案と実施

五十嵐淳子
船田　鈴子

第1節 支援計画の立案

　子どもと家庭を取り巻く環境が著しく変容し、近年、子育てをめぐってさまざまな問題が生じ、子育てに困難や不安を抱える親が多くなっている。その大きな原因の一つが親の育児ストレスにあるといわれるが、その背景には、都市化・核家族化の進行に伴い人間関係が希薄になり、子育てが孤立化し親の子育て不安をいっそう強くしているという状況があると言える。

　そのような現状の中、子どもの保育の専門家である保育士が保護者の子育ての問題や悩みに関して、相談助言を行うことが求められているが、保護者支援とは子育ての肩代わりをするのではなく、子どもが健やかに育つためにも、子育てが楽しいと感じられるように、子育てをする親を「育てる」ということが大切な視点として挙げられることを忘れてはならない。

　そこで本章では、子どものしつけや子どもの将来などについて不安や悩みを持っている保護者に、子どものより良い育ちを支援するための計画と実施について考えていく。

1. 計画立案の意義

　子育てのニーズの多様化に応え、保育所は保護者が子育ての悩みや不安を相談しやすい場所として場を提供し、保育士は身近な存在として相談に乗る。子育ての問題や気苦労を強く感じている親に、気軽にできるだけ迅速に、満足のいく相談が受けられるようにし、解決の方法をいっしょに考えていく。そのためには、保護者支援の具体的な計画の作成が求められる。

図表1　アンケート用紙

<table>
<tr><td colspan="3" align="center">フェイスシート

氏名＿＿＿＿＿＿＿＿＿＿</td></tr>
<tr><td>兄弟数</td><td colspan="2"></td></tr>
<tr><td>出生順位</td><td colspan="2"></td></tr>
<tr><td>家族構成</td><td colspan="2"></td></tr>
<tr><td>有識者か否か</td><td colspan="2"></td></tr>
<tr><td colspan="3" align="center">子育てについての意識と内容</td></tr>
<tr><td>項目</td><td align="center">ある</td><td align="center">ない</td></tr>
<tr><td>しつけに関しての気苦労</td><td>理由（具体的に書いて下さい）</td><td>理由（具体的に書いて下さい）</td></tr>
<tr><td>子育ては生きがいであると思うこと</td><td></td><td></td></tr>
<tr><td>子どもの世話をすることへの疲れ</td><td></td><td></td></tr>
<tr><td>子育ては楽しいと思うこと</td><td></td><td></td></tr>
<tr><td>子育ての不安や悩み</td><td></td><td></td></tr>
<tr><td>子育てについて知りたいこと</td><td></td><td></td></tr>
<tr><td>子育てを通しての保護者間の悩み</td><td></td><td></td></tr>
<tr><td>働きながら子育てをすることへの悩み</td><td></td><td></td></tr>
<tr><td>家族が育児に協力的でないことへの不満</td><td></td><td></td></tr>
<tr><td>子どもの健康・身体的発育に関する悩み</td><td></td><td></td></tr>
<tr><td>子育てで大切にしていること</td><td></td><td></td></tr>
</table>

（筆者作成）

図表2　支援計画表

支援計画票				
氏名＿＿＿＿＿＿＿				
項目＼日付	保護者のニーズ（課題）	家族状況	支援目標	支援方法

（筆者作成）

2. 計画の作成方法

①情報収集のためのアンケート調査用紙（**図表1**）を配布し、保護者のニーズを知る。

②情報を収集し、分析する。

③保護者支援のための具体的な目標を設定する。

④詳しい計画を具体的に立てる。

・保護者のアンケートに沿って個人票（支援計画表）（**図表2**）を作成する。

　・日程を決める。

　・担当者を決める。

　・目標を設定する。

　・進行の仕方を考える。

⑤情報提供を行う（園便り・地域の広報などに実施要項を掲載）。

⑥保護者が集える場所と環境設定について考える（**図表3・4**）。

図表3　グループでの保護者支援のための環境設定例

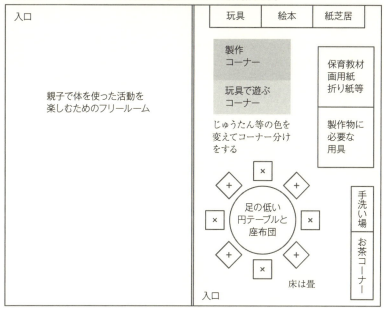

図表4　個別での保護者支援のための相談室の設定例

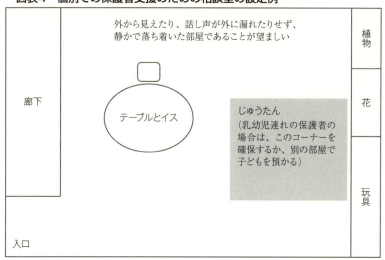

（図表3・4：筆者作成）

第2節　支援体制

1. 支援体制の具体的方法

①支援計画表から得た情報の共有化を図る。

②問題の共通理解を図る。

③アンケート調査のニーズの高い順に内容を整理する。

④ニーズに応じて援助方法を決める（社会資源の活用および連携のあり

図表5　事例（カンファレンス用）

<検討事例> 言葉遣いが悪く、自分の思いが伝わりにくいと手が出る。また、言葉の獲得が他児に比べると遅れているように思われる。（年中男児）					
A園長	B保育士	C保育士	D保育士	E保育士
小さい時（1、2歳頃）あまり手がかからなかったのではないか。そのため母親の言葉の投げかけが不足していたのではないか。	保育園での行事は言葉不足が心をいらだたせ、友達をたたいてしまう。	たたいたりしたときは、決して強く叱ったりせず、優しく対応し、心を落ち着かせてあげるようにする。	言葉の発達に問題がないかをいちおう専門家に見てもらう。	母親は焦って言葉を教え込もうとせず、子どもから言葉が自然に出てくるのを待つ。
全員の意見集約→カンファレンス→支援方法の決定				
<決定内容> ①できるだけ表情豊かにたくさんの言葉を使ってはっきりと話す（モデルとして）。 ②子どもの言葉遣いに対して「はっきり言いなさい」とか「わからない！」とか言って叱らないようにする。 ③絵本等を読む機会を毎日設定し、子どもを膝の上に座らせ、明るい声ではっきり、ゆっくりと読み聞かせをする。 ④子どもの言葉を無理に引っ張り出したり、焦ったりしないで、子どもの心に響くように話しかける。 ※決定内容については保育士間でも共有し、実践する。				

（筆者作成）

方)。
⑤個々の保護者のニーズに沿って事例検討をする。
⑥事例を読んで問題を考え、カンファレンスを行う。

2. 実際の検討事例

　実際に保育園で上がった検討事例を**図表5**に挙げておくので、ぜひ参考にしていただきたい。

　多様化する現代の子育て問題は一つの保育所だけで対応するには困難なこともある。一人の保育士が抱え込んでしまうと解決を遅らせることもある。そこで、関連領域の専門職（言語聴覚士、発達臨床心理士等）と連携し、それぞれの視点で問題を考えていくことが大切である。そのうえで問題の共有化を図り、速やかに「子どもの最善の利益」が考慮された支援をしていく方法を探ることが望ましい。

第3節　支援計画の実施

1. 支援計画の具体的方法

①当日の担当者が進行する。
②目標を意識し確認しながら進行する（スケジュール表を配布。**図表6**参照）。
③保護者が参加しやすい雰囲気を作る。→個別相談
④お茶を飲んだり、誰でもが楽しめる手遊びやゲームなどを行ったりする。
⑤当日のメインテーマに沿って企画した活動を行う。
⑥まとめと反省・次回への導入（支援実施内容を記録しておく。**図表7**）。

図表6　スケジュール表（集団用）

日付＼課題	活動内容	環境設定	配布物	留意点
	例： ・親子ふれあいコンサート ・親子で楽しむゲーム・手遊び ・手作りの教材製作 ・言語教材の提供（絵本、紙芝居、エプロンシアター、パネルシアター等）			

図表7　支援実施の記録

参加者の様子	
活動の成果（目標達成度）	
活動の反省	
その他気づいた点	

※反省を生かし、改善点を明らかにする→園便りや広報等に載せる。

(図表6・7：筆者作成)

2．保護者支援の場面

　保育所における保護者支援は、上述したように集団で行う場合と個別的に行う場合とがある。ここでは、保育の延長線上で実施する保護者支援の場面を想定し考えていきたい。

(1) 送迎時
　①簡単な子どもの話題から入り、きっかけを作るが、周りに他の保護者や職員がいることを考慮して行う。
　②相談内容は単発的なことが多いが、個人情報的なことに触れたり、継続を要したりする内容のときは改めて時間設定をする。
　③連絡帳は、保護者との情報交換のための大切な方法である。保育所での一日の子どもの様子や個人的に伝えることがあれば、それを伝達する。保護者からは、子どもの家庭での様子や特記すべきことがあれば、連絡帳に記述してもらう。連絡帳を活用して保護者支援を行い、子どもの育ちを支える。

(2) 家庭訪問
　①子どもの家庭での様子や生活状況を把握する。さらに、子どもの環境や個人に必要と考えられる支援や方法を提供する。
　②家庭訪問で収集した個別の情報は口外しないこと（守秘義務を守る、信用失墜行為の禁止）。

(3) 参観日
　①保護者に自分の子どもの成長や発達を参観してもらうと同時に、他児との関係や位置づけを観察してもらう。
　②子どもができるようになったことに気づき、意欲を継続するための関わり方などに注目する機会を提供する。
　③参観での気づきや質問に応え、連携して子どもの成長・発達に携われるようにする。

(4) 個人面談
　①子どもの成長した部分（問題点のみを掲げないで、子どもががんばったことやできるようになったことも強調することを心がける）と課題と

して残っている部分を説明し、今後の援助方法について共通理解を図る。
②保護者の子育てのあり方を受容したり、悩みを聞いたりしながら支援の方法を考える。

(5) クラス懇談会
①保育方針、保育内容の周知を図り、保護者の理解と関心を促す。
②子どもの成長や発達、課題について知らせ、支援のあり方を情報交換したり、保護者どうしで意見交換をしたりしてクラスの関係づくりに努める。
③クラス懇談会での意見は、クラス便りなどで報告する。

3. 保護者のニーズから見た支援計画の実際

実際にアンケート調査を実施し、支援ニーズの集計結果を抽出したものがある。これらの結果から考えられることは、現代よく言われる少子化・核家族化等が子育て中の親に「子どもを育てにくい」と感じる影響要因と関連し、求められるニーズとして下記のような項目が挙げられたのではないかと思われる。

保護者の子育て支援ニーズ（E県I市の私立幼稚園）
①円滑な友達関係
②基本的生活習慣の自立
③コミュニケーション能力の育成
④集中力の育成
⑤苦手なことへの挑戦意欲
⑥保護者どうしの人間関係

次に、保護者の子育て支援ニーズに関連した支援について事例を挙げ

ておくので、参考にしていただきたい。

〔支援事例〕

Q. 年長になったにもかかわらず、家では次から次にいろいろなものに手を出し、おもちゃで遊んだり絵本を読んだりしてもやりっぱなしで、何事も長続きせず片づけもできない。けっきょく最後は叱ってしまうようになり自分自身もどのように接したらよいのか途方に暮れている。(5歳児男児)

A. 保育士は、子どもの成長発達にはどの子も一人ひとり違いがあり、その子のペースがあることを伝える。また「やりたいこと」と「やらねばならないこと」とは違い、意欲が伴わないことは積極的に参加しにくい傾向が強いので、年齢を考慮した片づけ方を工夫する必要がある。遊びと片づけをはっきり二分しないで、片づけも遊び同様楽しいものであることを体験させることが必要である。

例えば、「片づけなさい」ではなく、自分を主語にして「遊んだものを片づけないとお母さん悲しいな」とか、「片づけいっしょに手伝おうか」と言って片づけ方のモデルになる。片づけた後は、部屋がとてもきれいになったことを強調する。

家族の形態が多様化した現在、保護者も子育てに関する複雑な問題を抱える傾向にあるので、子どもの保育とともに、保護者に対する支援も進めていくことが必須となっている。

保護者とともに子育てを進めていくに当たって、2008年改案の保育所保育指針は「保育士の専門性を生かした保護者支援」を打ち出している。保育士は専門的な知識や技術、倫理を用いて「いっしょに考える」ことはもちろんだが「いっしょに行う」ことを意識し、子育て不安を少しでも軽減することができるようにする。保育士は、子どもと過ごす生活が本来持っているはずの喜びや楽しさを体験している。だからこそ、その

楽しさを保護者に伝え広げていくことが重要である。子どもが日々生き生きと過ごし、保護者が安心して子育てをできるように支援することも、保育士の使命であると言える。

【参考文献】

秋田喜代美・菱田隆昭・西山薫編『今に生きる保育者論〔第2版〕』（新時代の保育双書）みらい、2009年

柏女霊峰・橋本真紀『保育者の保護者支援』フレーベル館、2011年

厚生労働省『保育所保育指針解説書』フレーベル館、2010年

佐藤仲降・中西偏彦編『演習・保育と相談援助』みらい、2011年

吉田眞理『家族援助論』萌文書林、2006年

第15章
保護者支援の記録と評価

矢野　明宏

第1節　記録の意義

　皆さんに質問をしたい。「今まで記録を書いたことがない」人はいるだろうか？　例えば、授業のノートも、委員会の議事録も、日直の日誌も、レポート課題なども記録である。そう考えれば、誰でも記録をした経験があると認識していただけるだろう。
　では、次の質問をする。「記録をすることが好きだ」という人はいるだろうか？　ここで、どのくらいの人が「はい」と言うだろうか？　恐らく、「いいえ」と答える人がほとんどではないかと推察するが、どうだろうか？
　答えを考えていく中で、皆さんの頭の中に、学生時代の「実習日誌」が浮かんではいないだろうか？　筆者も、この「実習日誌」には相当苦労した思いがあり、これらの記録に関する問いに答えるときには、必ず「実習日誌」が思い浮かんだものである。
　ちなみに、「実習日誌」に関して、担当教員や実習先の指導者の指導をしっかり受け、実習においてそれを実践していくと、保育者として支援に活用できる記録技術の基礎を身につけることができる。筆者も恩師や実習指導者に相当鍛えられ、現場に入りとても助かった実感を持っている。
　さて、保育の現場に目を転じてみると、保育者たちは、子どもたちとの関わりはもちろん、日頃多くの仕事を抱えている。休憩時間を十分に取れないこともある。仕事の一つ一つに記録がつきまとっている。そのような現状から、保育現場では、記録の大切さは十分に認識されているものの、記録に対する負担感は大きいものであるという。
　しかしながら、記録は、日頃、子どもやその保護者を支援していくための保育者の仕事になくてはならないものなのである。良い記録がある

図表1　保育現場における記録の種類

日の記録	保育終了後に書く。1日の子どもの姿と、保育者の支援を振り返る。その日の反省を次の日の保育に生かす。
週の記録	1週間分の「日の記録」をまとめる。集団の成長や、連続した子どもの姿が見えてくる。
期の記録	期内の週の記録をまとめる。
個人記録	一人ひとりの子どもの記録。随時書くもの。集団の中の「個」の姿が見えてくる。ここに保護者支援の記録も記載する。（子どもや保護者に当人の記録を開示する場合、保育者は、その記録に含まれる第三者の秘密を守ることが求められる）
保育園にある記録（例）	園日誌、クラス日誌、児童票、家庭環境調査票、個人記録票、連絡帳、その他（苦情対応報告書、事故報告書など）

出典：［寺田、2009］p.86を基に作成

　保育現場は、子どもたちやその保護者たちにとって、良い保育実践をしている現場のあかしとして認識できるものなのである。

　記録には、**図表1**のような保育現場で保育者が「書く」記録のほか、DVD、ビデオ、写真などの映像記録や、IC、MD、CDやテープレコーダーなどの「音声」記録などもある。また、子どもたちの絵や文章も記録と言えるだろう。しかしここでは、保育者が「書く」記録について展開していくことにする。

　記録を、「なぜ書かなければならないのか」、「なぜ必要なのか」について一言で言えば、「子どもや保護者へのより良い支援のため」であるが、保育者として支援に記録を活用する自覚を促すべく、**図表2**にあるように整理しておきたい。

　特に、保護者支援の観点から考えてみても、保護者が抱える悩み（相談事）は必ずしも単純なものではなく、いくつもの問題が複雑に絡み合い、継続的に関わらなければならないことが少なくない。また、日頃の保護者との関わりの中で、保護者のちょっとした変化をキャッチしておくことも重要である。そのためにも、記録の活用が重要になってくると言える。

図表2　記録の目的

---
(1) 子どもやその保護者により良い支援を提供する
　・子どもや保護者と、そのニーズや状況の明確化、事前評価、支援計画に役立てる。
　・子どもや保護者の利益や権利擁護に役立てる。
　・子どもや保護者との情報共有に役立てる。
　・支援過程の経過観察や支援結果の事後評価に役立てる。
(2) 保育現場（機関・施設）の機能を高める
　・支援の継続性や一貫性を保障に役立てる。
　・他職種や他機関との連携に役立てる。
　・事例検討会等に役立てる。
　・保育者の所属部門や社会福祉機関の運営管理に役立てる
(3) 保育者の教育・訓練や調査研究に役立てる。
　・保育教育や保育者の現任訓練に役立てる。
　・保育の調査研究に役立てる。

出典：[小嶋、2006] p.205を基に作成

　なお、記録の取り扱いには、次節で触れる「記録の倫理」をきちんと守ることが保育者としては必須であることを付け加えておく。

第2節　保育に生かす記録の方法

1. 記録を書く心構え

　記録を書くに当たり、次のような5点を意識することが大切である。客観的に、簡潔に、明快な文章を心がけることで、支援に活用できる記録になっていくだろう。

(1) 各支援場面を意識化すること

　保育者は、何も考えず、ただ楽しく子どもたちと遊んだり、話したりはしていない。子どもの成長や変化を見逃さないように、子どもと楽し

く関わる中でも、保育者としての観察をしているだろう。その意識を忘れずに、子どもや保護者との関わりの各場面を観察・考察してほしい。そうすればおのずと記録も充実したものになっていくだろう。

(2) メモをとる（書く）習慣を持つこと

　記録はなんといっても、書き慣れることがとても大切であり、記録技術の向上は絶対に欠かせない。何から始めるかといえば、場面を意識できたならば、それをメモで表現するクセをつける、つまり、メモを習慣化していくことが良いと思われる。もちろん、メモは業務上、記録ではないが、まず"何か"を書けないことには記録はできない。その観点から、メモをとる習慣をつけてくことをお勧めしておきたい。子どもが発する言葉を書きためておくことも良い。ただし、子どもや保護者と接するときは、状況をわきまえておかなければならない。

(3) 6W3Hを基本に、場面を書いてみること

　以前から、5W1H（いつ：when、誰が：who、どこで：where、なぜ：why、何を：what、どうした：how）を念頭に置き、記録を展開していくとよいと言われている。しかし、最近ではそれに加えて、誰に（whom）、期間（how long）、費用（how much）を加えて、6W3Hを意識することが言われている。保育を含めた社会福祉サービスにも効率化が求められていることが一因のようでもある。あらかじめ、これらの表を作成したメモを用意しておくこともよいと思われる。

(4) 記録に立ち返る（振り返る）習慣を持つこと

　保育者の仕事においては、常にこれまでの支援を振り返ることが、次の良い支援につながるものである。その際、記録を読み返すことを習慣づけておけば、支援に活用できるという意識が広がり、記録への負担感も減り、充実した振り返りができることになる。

図表3　記録の形式・文体

記述式	叙述体	圧縮叙述体	支援課程を「圧縮」して比較的短く記述する。
		過程叙述体	支援過程の「詳細」を記述する。
		逐語体	支援過程の「ありのまま」を記述する。
	要約体		保育者の思考を通して子どもや保護者への関わりを整理し、「要約」して記述する。
	説明体		保育者が解釈や分析、考察結果に「説明」を加える記述。
項目式	チェック方式		
図表式	ジェノグラム、エコマップなど		
混合式	問題指向型記録（SOAP方式）、利用者指向型記録（CREW方式）など		

出典：[小嶋、2010] p.299を基に作成

(5) パソコンを活用すること

　最近では、保育現場でもパソコンを使った文書処理が多くなってきた。パソコンに入れておくと、容易に加筆修正ができる。パソコンに慣れるまでには少々時間がかかるかもしれないが、慣れてしまえば記録業務量が減り、その分、子どもとの関わりや保護者への対応の時間に振り分けられるものである。ただし、記録の保管には、紙ベースのものと同様、十分注意しなければならない。

2. 記録の形式・文体

　記録には、その内容、求めに応じた記録の形式がある。それは、記述式記録のほか、項目式、図表式（ジェノグラムやエコマップなど）や混合式（項目化した記述式）などである。記述式に用いられる文体には、さらに叙述体、要約体、説明体などがあり、その文体に合わせて記録することになる。記録の形式・文体について、**図表3**にまとめておく。

3. 記録作成能力

　保育者は、支援に活用できる記録を作成し、十分活用するために、日頃から**図表4**に示すような能力を育むための努力をしなければならない。これは、記録作成にとどまらず、保育者の専門性の向上のためにも必要

図表4　記録作成に必要な育むべき能力

情報の記銘力	記銘力とは、必要な情報を一定の時間または一定の期間、記憶しておく能力のことをいう。面接中は最小限のメモにとどめることになるため、メモに残すことのできない事項、特に文脈や利用者の非言語的表現で重要な内容については、面接直後に記録することができるような記銘力が必要である。
情報の収集能力	支援に必要な情報収集には、面接を通じて信頼関係を形成すること、観察、コミュニケーションの技能が必要となる。
情報の判断力	支援の過程のすべてをありのまま記録することはできない。記録すべき情報を取捨選択する判断力が必要となる。
情報の表現能力	記録する情報には、正確さや明快さが求められる。そのための文章表現能力が必要となる。
記録の確認能力	記録の誤りや漏れを確認する能力が必要である。

出典：［小嶋、2010］p.311を基に作成

図表5　記録作成能力を高めるための方法

```
＜記録技能の３段階＞
第１段階　個人学習の課題
  ① 保育実践事例集等を用いて優れた記録を読む。
  ② 身近な人との会話を面接と見なして観察記録を作成してみる。
第２段階　講義・演習・研修における課題
  ③ 講義：記録の意義、目的、種類、方法を学ぶ。
  ④ 逐語記録をもとに、叙述体、要約体、説明体等を作成する。
第３段階　保育実習・実践
  ⑤ 実習指導者より、施設・機関における記録の活用方法、保管方法、そ
    のためのガイドライン、個人情報保護の実際について学ぶ。
  ⑥ 実習指導者の指導の下で、施設・機関で実際に使用されている記録様
    式を用いて、特定の利用者の記録を作成する。
```

出典：［小嶋、2010］p.312を基に作成

な能力である。これらの能力について、本書を読んでいる今から、意識をしながら行動しておくとよい。気がついたときには、記録能力はもちろん、保育者としても大いに成長しているだろう。

　記録作成能力を高める方法・場を**図表5**のように整理してみた。

　保育者の皆さんならば、保育者の先輩の記録や保育事例集など良い記録を読み込むことが、日頃の記録作成の一助になるだろう。学生の皆さんならば、保育実習等において、現場の実際の記録を目の当たりにする

図表6　記録に関する倫理

①プライバシーの尊重と秘密保持
②記録の開示
③情報共有
④説明責任

出典：［對馬、2010］pp.281-283を基に作成

ことによって、日頃の学びが具体的に理解でき、ひいては記録作成能力の基礎がおのずと身についていくことにつながるだろう。

4. 記録取り扱い上の倫理

　保護者支援においては、保育者は、保護者にとって知られたくない個人情報を知ることになる。その情報の取り扱いには、保育者としての倫理に基づく対応をしなければならない。その留意すべきポイントは、個人情報保護に関することを中心にいくつかあるが、**図表6**を参照して確認しておきたい。これを、保育全般における記録を取り扱う際の保育者の姿勢ともいうべきものとして捉えてほしい。加えて、倫理事項については、保育者個人に対してだけではなく、保育現場の組織に対しても課せられているので、記録の取り扱いについては、組織として適切に考えていかなければならない。

第3節　支援の評価方法

1. 記録に基づく評価

　保育現場においては、次のようにさまざまな評価が行われている。①保育者自身による自己評価、②スーパーバイザーから助言指導を受ける際の評価、③所属する保育所等の組織で行われる内部評価、④外部機

関による第三者評価、⑤子どもや保護者による評価、⑥その他。

①～⑥のどの場合においても、評価を行う際にはなんらかの記録に基づいて行われる。記録を繰り返し読むことで、「自分」、「自分の支援」、また「組織運営全般の実態」を、客観的にかつ具体的に振り返り、評価することができる。

例えば、保育者自身の自己評価やスーパーバイザーによる評価などでは、現時点の結果だけの評価ではなく、これまでの保護者への支援記録を過去に遡って、その関わってきた過程を振り返り、その支援がどのように変化したかについて評価できるだろう（プロセス評価）。内部評価や外部機関による評価では、組織の自己点検票（例えば「行政監査の提出資料」の中にもあるだろう）や第三者評価を受ける際の調査機関への提出資料作成に基づいて、保育現場の組織運営管理全般について評価できるだろう。また、子どもや保護者による評価では、日々の関わりの中で問いかけてみることはもちろんではあるが、アンケート調査を実施することもあるだろう。

以上のように、評価の方法については、記録の活用が大きなポイントとなっている。保育者は、評価をきちんと行うとともに、その評価結果について、今後の保育、保護者支援、ひいては保育所等組織の質の向上に十分に生かしていくことを肝に銘じなければならない。

2. 記録の活用とその限界

保育者は、記録のために子どもと関わったり、その保護者の相談に応じたりしているのではない。子どもや保護者へ適切な支援をするためのツール（道具）として記録はある。保育者としての能力を高めるために、記録の作成・活用についても大事に考えるようにしてほしい。

また、記録にはおのずと限界があることも認識しておかなければならない。梅田は、「保育者の意識に上っていないものや、優先順位として低い事柄は、記録として残らないことになる」［久富・梅田、2008］と指

摘している。

　この指摘を考えたとき、前述の**図表4**の内容は、単なる記録の作成にとどまらず、保育者としての質の向上の方法として育まなければならない事項なのだと認識を新たにしたい。

　臆することなく、めんどくさがらず、自分の行ったことについて、書いていくことにしよう。そして、自分の保育実践を振り返ってみよう（自省・省察）。

　保育者の一番の使命は、子どもや保護者に「最善の利益」をもたらすことなのだから…。

＜演習問題＞

　数人のグループの中の2人に、あるテーマ（各グループで自由に設定）に添って、3〜5分程度、会話をしてもらい、残りのメンバーは、その会話の記録を取ろう。

①2人の会話のやり取りをできる限り正確に記録してみよう（逐語体）。
②2人の話の内容をまとめてみよう（要約体）。
③メンバーそれぞれの①〜②の記録を突き合わせて、その共通点や違いなどを確認してみよう。
④これまでの取り組みを踏まえ、記録をするための留意点について、意見を出し合ってみよう。

【参考文献】

　今井和子『保育に生かす記録の書き方〔改訂版〕』ひとなる書房、1999年
　鯨岡峻・鯨岡和子『保育のためのエピソード記述入門』ミネルヴァ書房、2007年

小嶋章吾「ソーシャルワーク実践における記録」北島英治・副田あけみ・高橋重宏・渡部律子編『ソーシャルワーク実践の基礎理論』(社会福祉基礎シリーズ②) 有斐閣、2006年

小嶋章吾「相談援助における記録」『社会福祉学習双書』編集委員会編『社会福祉援助技術論Ⅱ──相談援助の理論と方法』(社会福祉学習双書) 全国社会福祉協議会、2011年

對馬節子「相談援助のための記録の技術」社会福祉士養成講座編集委員会編『相談援助の理論と方法Ⅰ〔第2版〕』中央法規出版、2010年

寺田清美監修『これ1冊で安心 保育所児童保育要録書き方ガイドbook』学習研究社、2009年

久富陽子・梅田優子『保育方法の実践的理解』萌文書林、2008年

宮里六郎・古庄範子『保育に生かす実践記録──書く・話す・深める』(保育が好きになる実践シリーズ) かもがわ出版、2006年

【監修者紹介】

林 邦雄（はやし・くにお）
　元静岡大学教育学部教授、元目白大学人文学部教授
　[**主な著書**]『図解子ども事典』（監修、一藝社、2004年）、『障がい児の育つこころ・育てるこころ』（一藝社、2006年）ほか多数

谷田貝 公昭（やたがい・まさあき）
　目白大学名誉教授
　[**主な著書**]『新・保育内容シリーズ［全6巻］』（監修、一藝社、2010年）、『子ども学講座［全5巻］』（監修、一藝社、2010年）ほか多数

【編著者紹介】

髙玉 和子（たかたま・かずこ）［第2章］
　駒沢女子短期大学教授
　[**主な著書**]『児童家庭福祉論』（編著、一藝社、2010年）、『ヒューマンサービスに関わる人のための子ども支援学』（共編著、文化書房博文社、2009年）ほか多数

和田上 貴昭（わだがみ・たかあき）［第1章］
　目白大学人間学部准教授
　[**主な著書**]『保育実習』（共著、全国社会福祉協議会出版部、2011年）、『児童家庭福祉論』（共著、一藝社、2010年）

【執筆者紹介】

(五十音順、[ ]内は担当章)

五十嵐 淳子 (いがらし・じゅんこ) [第14章]
　帝京短期大学専任講師

大野 地平 (おおの・ちへい) [第4章]
　聖徳大学短期大学部講師

小口 将典 (おぐち・まさのり) [第8章]
　関西福祉科学大学社会福祉学部専任講師

佐久間 美智雄 (さくま・みちお) [第13章]
　東北文教大学短期大学部准教授

武田 英樹 (たけだ・ひでき) [第9章第1,3節]
　美作大学生活科学部准教授

谷 真弓 (たに・まゆみ) [第3章]
　箕面学園福祉保育専門学校専任教員

谷口 卓 (たにぐち・たかし) [第12章]
　東大阪大学こども学部准教授

永田 彰子 (ながた・あきこ) [第5章]
　安田女子大学教育学部准教授

西 智子 (にし・ともこ) [第11章]
　聖徳大学心理・福祉学部教授

根本 治代 (ねもと・はるよ) [第6章]
　昭和女子大学人間社会学部専任講師

林 幸範（はやし・ゆきのり）［第7章］
　池坊短期大学教授

福永 博文（ふくなが・ひろふみ）［第10章］
　浜松学院大学短期大学部名誉教授

船田 鈴子（ふなだ・れいこ）［第14章］
　愛国学園保育専門学校副校長

森合 真一（もりあい・しんいち）［第9章第2節］
　近畿大学豊岡短期大学専任講師

矢野 明宏（やの・あきひろ）［第15章］
　武蔵野大学人間科学部准教授

保育者養成シリーズ
保育相談支援

2012年4月10日　初版第1刷発行
2018年3月20日　改訂版第1刷発行

監修者　林 邦雄・谷田貝 公昭
編著者　髙玉 和子・和田上 貴昭
発行者　菊池 公男

発行所　一藝社
〒160-0014　東京都新宿区内藤町1-6
Tel. 03-5312-8890　Fax. 03-5312-8895
E-mail : info@ichigeisha.co.jp
HP : http://www.ichigeisha.co.jp
振替　東京 00180-5-350802
印刷・製本　シナノ書籍印刷

©Kunio Hayashi, Masaaki Yatagai 2018 Printed in Japan
ISBN 978-4-86359-173-8　C3037
乱丁・落丁本はお取り替えいたします

一藝社の本

保育者養成シリーズ
林 邦雄・谷田貝公昭◆監修

《"幼児の心のわかる保育者を養成する"この課題に応える新シリーズ》

児童家庭福祉論　髙玉和子◆編著
A5判　並製　224頁　定価（本体1,800円+税）　ISBN 978-4-86359-020-5

保育者論　大沢 裕・高橋弥生◆編著
A5判　並製　208頁　定価（本体2,200円+税）　ISBN 978-4-86359-031-1

教育原理　大沢 裕◆編著
A5判　並製　208頁　定価（本体2,200円+税）　ISBN 978-4-86359-034-2

保育内容総論　大沢 裕・高橋弥生◆編著
A5判　並製　200頁　定価（本体2,200円+税）　ISBN 978-4-86359-037-3

保育の心理学Ⅰ　谷口明子・西方 毅◆編著
A5判　並製　216頁　定価（本体2,200円+税）　ISBN 978-4-86359-038-0

保育の心理学Ⅱ　西方 毅・谷口明子◆編著
A5判　並製　208頁　定価（本体2,200円+税）　ISBN 978-4-86359-039-7

相談援助　髙玉和子・和田上貴昭◆編著
A5判　並製　208頁　定価（本体2,200円+税）　ISBN 978-4-86359-035-9

保育相談支援　髙玉和子・和田上貴昭◆編著
A5判　並製　200頁　定価（本体2,200円+税）　ISBN 978-4-86359-036-6

ご注文は最寄りの書店または小社営業部まで。小社ホームページからもご注文いただけます。

一藝社の本

新・保育内容シリーズ ［全6巻］
谷田貝公昭◆監修

《新しい「幼稚園教育要領」「保育所保育指針」に対応した新シリーズ》

1 健康
高橋弥生・嶋﨑博嗣◆編著

A5判　並製　248頁　定価（本体2,000円＋税）　ISBN 978-4-86359-014-4

2 人間関係
塚本美知子・大沢 裕◆編著

A5判　並製　240頁　定価（本体2,000円＋税）　ISBN 978-4-86359-015-1

3 環境
嶋﨑博嗣・小櫃智子・照屋建太◆編著

A5判　並製　232頁　定価（本体2,000円＋税）　ISBN 978-4-86359-016-8

4 言葉
中野由美子・神戸洋子◆編著

A5判　並製　248頁　定価（本体2,000円＋税）　ISBN 978-4-86359-017-5

5 音楽表現
三森桂子◆編著

A5判　並製　256頁　定価（本体2,000円＋税）　ISBN 978-4-86359-018-2

6 造形表現
おかもとみわこ・大沢 裕◆編著

A5判　並製　232頁　定価（本体2,000円＋税）　ISBN 978-4-86359-019-9

ご注文は最寄りの書店または小社営業部まで。小社ホームページからもご注文いただけます。

一藝社の本

子ども学講座［全5巻］
林 邦雄・谷田貝公昭◆監修

《今日最大のテーマの一つ「子育て」——
子どもを取り巻く現状や、あるべき姿についてやさしく論述》

---

1 子どもと生活
西方 毅・本間玖美子◆編著

A5判　並製　224頁　定価（本体1,800円＋税）　ISBN 978-4-86359-007-6

---

2 子どもと文化
村越 晃・今井田道子・小菅知三◆編著

A5判　並製　224頁　定価（本体1,800円＋税）　ISBN 978-4-86359-008-3

---

3 子どもと環境
前林清和・嶋﨑博嗣◆編著

A5判　並製　216頁　定価（本体1,800円＋税）　ISBN 978-4-86359-009-0

---

4 子どもと福祉
髙玉和子・高橋弥生◆編著

A5判　並製　224頁　定価（本体1,800円＋税）　ISBN 978-4-86359-010-6

---

5 子どもと教育
中野由美子・大沢 裕◆編著

A5判　並製　224頁　定価（本体1,800円＋税）　ISBN 978-4-86359-011-3

ご注文は最寄りの書店または小社営業部まで。小社ホームページからもご注文いただけます。

一藝社の本

あなたは子どものことを本当にわかっていますか？
子ども心理辞典

谷田貝公昭・原 裕視◆編集代表

四六判 並製 480頁 定価：本体2,800円+税

ISBN 978-4-86359-030-4

子ども（乳幼児・児童）は自分を取り巻く環境に対しどのように感じ、何を考えているのか？　それを的確に把握し、子どもの「こころ」を理解するための基礎知識・用語1186項目を収録。

子どもの未来を拓く保育者のための基本用語1116
保育用語辞典〈第2版〉

谷田貝公昭◆監修／林 邦雄◆責任編集

四六判 並製 424頁 定価：本体2,200円+税

ISBN 978-4-901253-87-1

伝統的な用語から最新の用語まで、保育者のための基本用語を収録。すべての項目に参考文献を付し、読者の理解を深める工夫を凝らしてある。保育士試験対策にも最適な一書。

採用試験合格のための必修用語1300
教職用語辞典

原 聡介◆編集代表

四六判 並製ビニール装 512頁 定価：本体2,500円+税

ISBN 978-4-901253-14-7

現職教員、教育行政関係者、教員採用試験受験者や教職課程の学生等のための学習・実践・研究の手引書。最新の「教育改革」の動きを的確にとらえた充実した内容。充実した索引で、調べやすく使いやすいハンディタイプ。類書のない最新の用語辞典。

ご注文は最寄りの書店または小社営業部まで。小社ホームページからもご注文いただけます。